Gerd-Wilhelm Kreutzer

Der Negev — ein Entwicklungsgebiet

Ein Beispiel für die Entwicklung eines extrem ariden Raumes

I. Der Staat Israel

1. Die Entstehung des Staates Israel

Seit der Eroberung Jerusalems und der Zerstörung des Tempels im Jahre 70 n. Chr. und der Eroberung der Feste Massada im Jahre 73 durch die Römer hat es bis 1948 keinen Staat Israel gegeben. Eine fast 1300jährige wechselvolle jüdische Geschichte nach der Eroberung des Landes durch Stämme des Volkes Israel, eine Geschichte mit Zeiten der Unabhängigkeit, der Knechtschaft und Vertreibung hatte durch den römischen Sieg ihr Ende gefunden. Nach dem Siege Roms hat sich das jüdische Volk noch stärker als vorher schon im Römischen Reich ausgebreitet und wurde später über Europa und die übrige Welt zerstreut. Im palästinensischen Raum hat es im weiteren Lauf der Geschichte immer jüdische Einwohner und ihre Siedlungen gegeben, allerdings oft bedrängt von den jeweiligen politischen Machthabern. Unter dem Druck der politischen Entwicklungen in den Gastländern (Spanien, Frankreich, Rußland u. a.) wanderten immer wieder Juden, wenn auch nicht in großer Zahl, in ihr Heimatland zurück. Erst mit der Entstehung der Zionistischen Bewegung, deren Begründer Theodor Herzl (1860—1904) war, setzte die moderne Rückwanderung nach Israel ein; denn zentrale Idee der zionistischen Weltbewegung war die Erfüllung einer uralten Sehnsucht des jüdischen Volkes nach Rückkehr in das Heimatland Israel und nach Gründung eines unabhängigen Staates in Palästina. Nachdem 1917 die britische Regierung durch die Balfour-Erklärung das Recht der Juden auf eine nationale Heimstatt anerkannt und 1920 Großbritannien vom Völkerbund ein Mandat über Palästina erhalten hatte, nahm die politische Aktivität der Juden in allen Lebenssphären in Palästina einen starken Aufschwung: neue Siedlungen wurden gegründet, eine interne jüdische Verwaltung und Selbstschutzorganisationen entstanden. Außerhalb Palästinas bereitete die zionistische Organisation eine Umsiedlung nach Israel vor. Eine starke jüdische Rückwanderung in den Zeiten der Verfolgung in ganz Europa vor und während des 2. Weltkrieges unter Hitler, sowie nach dem 2. Weltkrieg, die gegen den Willen der Mandatsmacht erfolgte und als illegal bezeichnet wurde, ließ die jüdische Bevölkerung in Palästina bis 1948 auf 650 000 anwachsen. Nachdem 1947 Britannien sein Mandat über Palästina an die Vereinten Nationen zurückgegeben hatte und die Vereinten Nationen für einen unabhängigen Staat in einem Teil Palästinas gestimmt hatten, proklamierten die Juden am 14. Mai 1948 den Staat Israel. Dieser mußte zunächst seine Existenz gegenüber den arabischen Staaten mit der Waffe verteidigen, bis durch ein Waffenstillstandsabkommen eine gewisse, oft trügende Stabilisierung der politischen Verhältnisse für einige Jahre eintrat. 1956 und 1967 kam es erneut zu militärischen Auseinandersetzungen, da die Israel umschließenden arabischen Mächte (Ägypten, Jordanien, Syrien und Libanon) sich mit der Entstehung des Staates Israel nicht abfinden wollten. Die gegenwärtigen politischen Grenzen — gemeint sind die Grenzen vor dem Sechstagekrieg 1967— sind das Ergebnis der historischen Entwicklung. Ihr Verlauf entspricht jenen des ehemaligen Mandatsgebietes Palästina oder den Demarkationslinien des Waffenstillstandsabkommens von 1949. Sie umschließen ein Staatsgebiet von 20 700 km² Die Fläche entspricht der des Bundeslandes Hessen.

2. Die natürlichen geographischen Grundlagen des Staates Israel

Die geographische Lage Israels wird gekennzeichnet 1. durch die Lage an der Küste des Mittelmeeres, 2. durch die Lage in einer Berührungszone Asiens und Afrikas. Beide Tatsachen haben große Bedeutung für die politische, kulturelle und auch geistige Entwicklung in diesem Raum gehabt. Die Lage zwischen 29° 30' und 33° 15' nördlicher Breite ist für die natürlichen geographischen Grundlagen des Raumes entscheidend.

Von der Oberflächengestalt her läßt sich das Gebiet Israels wie folgt gliedern:

1. Küstenebene, 2. Bergland von Galiläa, 3. Jordantal, 4. Yezreel-Ebene, 5. Bergland des Jerusalemer Korridors und 6. Negev mit Südteil der Jüdäischen Wüste und der Arava-Senke (s. Diercke WA S. 94,II.).

Die 188 km lange Küstenebene zieht sich entlang der Mittelmeerküste von der libanesischen Grenze im Norden, nur unterbrochen vom Gebirgszug des Karmel — einem nordwestlichen Ausläufer des in Nord-Süd-Richtung verlaufenden zentralen Gebirgszuges — bis hin zum Gaza-Streifen im Süden. Die Küste selbst ist von einem breiten Dünengürtel besetzt. Nach Süden immer breiter werdend geht die Küstenebene schließlich in die wüstenhaften Ebenheiten des Negevs an der Grenze Ägyptens (Sinai-Halbinsel) über. Der geologische Aufbau der Küstenebene ist an der Oberfläche durch jüngere Ablagerungen der geologischen Gegenwart vor allem durch Sande und Tone gekennzeichnet.

Das Bergland von Galiläa im Norden dagegen ist ein gebirgiges Kalksteinplateau, das als Ausläufer der nördlich gelegenen Gebirge des Libanon anzusehen ist.

Das Jordantal gehört zu dem großen syrisch-ostafrikanischen Grabensystem und wird in seinem nördlichen Teil von den westlich gelegenen Bergen Galiläas und den östlich gelegenen Golan-Höhen eingeschlossen. Die Jordansenke ist ausgefüllt von alluvialen Ablagerungen des Jordans, aber auch von jüngeren Basaltergüssen, und ihre Oberfläche senkt sich von Norden nach Süden bis unter den Meeresspiegel. (Wasserspiegel des Tiberias Sees —212 m u. d. M., Seetiefe 44 m, Wasserspiegel Totes Meer —394 m u. d. M., Seetiefe 356 m). Das Yezreel-Tal trennt die Berge Galiläas von den Bergen Samarias.

Der Jerusalemer Korridor gehört zum Bergland von Judäa, das nach Süden hin in die Berge des Negevs übergeht. Die Bergländer Israels in einer Länge von mehr als 320 km, vom Libanon bis zum Sinai reichend, haben eine durchschnittliche Höhe von 600 m und weisen im Berg Meron in Galiläa mit 1208 m die höchste Erhebung in Israel auf. Die Bergzüge in Galiläa und im Bergland von Judäa verlaufen in Nord-Süd-Richtung.

Der Negev ist weniger durch eine einheitliche Oberflächengestalt, denn durch ein einheitliches Klima als ein natürlicher geographischer Raum anzusehen. In seinem nördlichen Teil stellt er eine Fortsetzung der Küstenebene dar, die nach Osten und Südosten in einen gebirgigen Landschaftstyp mit Berg- und Tal-Achsen in Südwest-Nordost-Richtung übergeht. Der Ostteil des Negevs schließt die Fortsetzung des Jordangrabens, das Arava-Tal mit seiner steilen Böschung zum Graben im Norden an.

Die zentrale Gebirgsregion Israels wird geologisch vorwiegend durch Ablagerungen aus dem Tertiär und der Kreide bestimmt. Nur im südlichen Teil des Negevs kommt präkambrisches, paläozoisches und kristallines Gestein vor. Im ausgehenden Mesozoikum und bis zum Mitteltertiär sind die Ablagerungen gefaltet und in späterer Zeit in Galiäa, im südlichen Negev und am Rande des Jordangrabens durch starke Verwerfungen sehr stark gegliedert. Da es sich in den Ablagerungen um großenteils maritime Ablagerungen handelt, hat Kalkstein in den Gebirgen Israels eine weite Verbreitung. Im nordwestlichen Negev haben die jüngeren Ablagerungen lößartigen Charakter.

Klima, Vegetation und Böden werden durch die mediterrane Lage Israels und durch die Lage im Nordteil des Passatgürtels bestimmt. In Israel herrscht daher Mittelmeerklima mit sehr warmen, trockenen Sommern und milden, feuchten Wintern. Die sehr südliche Lage im Mittelmeerklimaraum schafft Klimabedingungen mit einer kurzen Regenzeit und einer niederschlagsfreien Trockenzeit von 3—4 Monaten. Diese Klimaverhältnisse können als „extrem-mediterran" bezeichnet werden. Je südlicher ein Beobachtungsraum in Israel gelegen ist, um so mehr ist

2

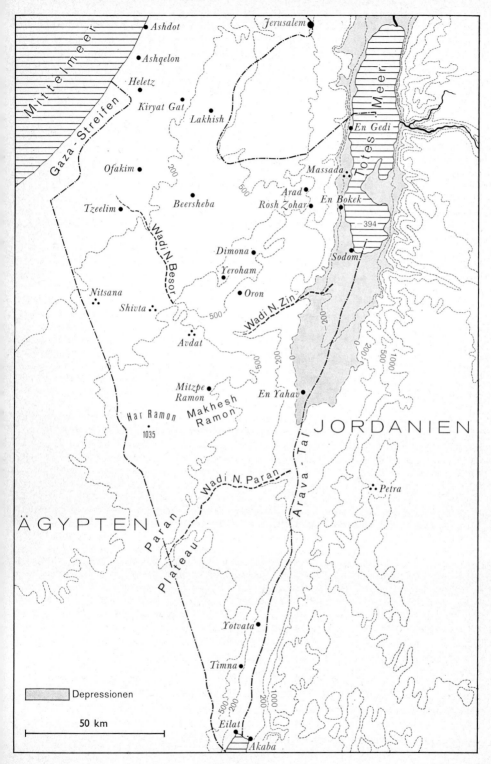

Der Negev

der Einfluß der Passatströmung festzustellen. Die Niederschläge werden nach Süden und Südosten (Negev) immer geringer. Im zentralen und nördlichen Gebirgsland dagegen bewirken die Gebirgszüge während der winterlichen Regenzeit in der Westdrift der Zyklone erhöhte Niederschläge, während in ihrem Regenschatten die Niederschläge geringer sind. Die nach Süden zu in Erscheinung tretende Zunahme der mittleren Temperaturen und die damit verbundene erhöhte Verdunstung verringern in diesen Gebieten die Wirkkraft der Niederschläge und verstärken dadurch die Trockenheit. Eine klimatische Gliederung des israelischen Raumes zeigt folgendes Bild: das Bergland von Galiläa, die Yezreel-Ebene, die Küstenebene bis südlich Tel Aviv und das zentrale Bergland haben feuchtes oder halbfeuchtes Mittelmeerklima. Das Jordantal nördlich vom Tiberias See, die Ost- und Südabdachung der zentralen Berglandschaft sowie der südliche Teil der Küstenebene (Nordnegev) weisen halbwüstenhaftes Klima auf. Wüstenklima herrscht im übrigen Negev, in der judäischen Wüste westlich des Toten Meeres und im Jordantal bis zum Tiberias

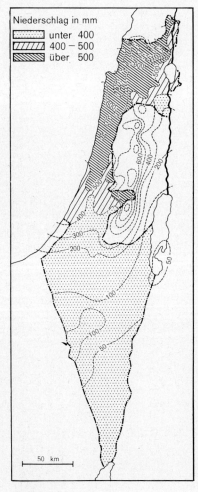

Niederschlag

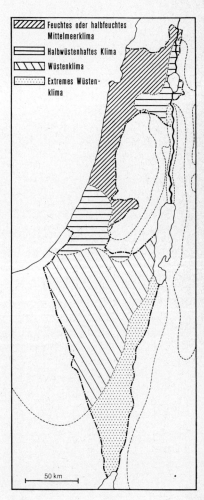

Klima

See. Im südöstlichen Negev, in der Arava-Senke bis zum Golf von Eliat sowie in den Uferstreifen des Jordans zwischen Tiberias See und Totem Meer muß von einem extremen Wüstenklima gesprochen werden.

Entsprechend den klimatischen Verhältnissen lassen sich vier Vegetationszonen unterscheiden:

1. Zone der Mittelmeervegetation mit ihren Hartlaubgehölzen, 2. Zone der Trocken- oder Wüstensteppe, 3. Zone der Wüstenvegetation gleich der Vegetation der Sahara und der benachbarten Wüsten Arabiens mit Dornakazien, Ginster und Doompalmen und 4. kleine Enklaven tropischer Vegetation mit Lotosbäumen und Papyrus. Die Böden Israels sind in den verschiedenen Klima- und Vegetationszonen sehr unterschiedlich von Terra Rossa-Böden im Norden über braune Böden im mittleren Israel und lößartigen Böden im nordwestlichen Negev bis zu den Sand-, Schutt- und Felswüsten im östlichen und südlichen Negev.

Bedeutungsvoll für den ganzen Raum aber ist der Einfluß des Menschen, der in seiner zumindest 5000jährigen Besiedlungszeit das Gleichgewicht im Haushalt der Natur gestört hat und dadurch Veränderungen in den natürlichen Gegebenheiten des Raumes bewirkte. Die Abholzung in den einst vorhandenen Waldgebieten des nördlichen und mittleren Israels sowie die Beweidung der Berglandschaften haben die Boden- und hydrologischen Verhältnisse in Palästina, dem heutigen Israel, verändert. Erscheinungen der Bodenerosion — typische Kulturerscheinungen im gesamten Mittelmeerraum — sind überall in Israel zu beobachten und haben ihre negativen Auswirkungen in dem semiariden und ariden Raum als Spuren in der Landschaft und seinen Böden hinterlassen.

3. Die Bevölkerung des Staates Israel

Die Bevölkerungsentwicklung während des vergangenen Jahrhunderts ist in Palästina nicht einwandfrei zu erfassen, da z. Z. des britischen Mandats die beiden einzigen Volkszählungen in dem größeren Mandatsgebiet erfolgten und man für die Zeit vorher und für das Gebiet des heutigen Staates auf Schätzungen angewiesen ist. Die Entwicklung, die das Anwachsen der jüdischen Bevölkerung widerspiegelt, ist auf der Basis der jüdischen Unterlagen darstellbar und zeigt das folgende Bild:

1882	24 000 Juden	1925	108 000 Juden
1914	85 000 Juden	1939	450 000 Juden
1918	56 000 Juden[1]	1948	650 000 Juden[2]

[1] Der Rückgang ist eine Folge des Weltkrieges durch Hunger, Epidemien und Deportation.
[2] Bei Mandatsende und Gründung des Staates Israel.

Die Zunahme der jüdischen Bevölkerung von 24 000 Juden 1882 auf 650 000 1948 bedeutet eine ungeheure Leistung der Einwanderer und ihrer jüdischen Mitbürger in bezug auf die Seßhaftmachung der Einwanderer und die Schaffung ihrer wirtschaftlichen Existenz. Diese Leistung wäre allerdings ohne die Hilfe der Juden in aller Welt nicht möglich gewesen und ist besonders deshalb so groß einzuschätzen, da sie in einem an sich schon sehr kärglichen Lande erbracht werden mußte. Wenn man bedenkt, daß gleichzeitig auch eine Zunahme der arabischen Bevölkerung als Folge einer sehr hohen Geburtenrate, Abnahme der Sterblichkeit der arabischen Bevölkerung und Zuwanderung aus benachbarten arabischen Gebieten erfolgte, so ist es verständlich, daß das Fußfassen der Einwanderer in der neuen Heimat und ihr wirtschaftlicher Fortschritt ein hartes Ringen mit den Gegebenheiten des Raumes gewesen ist. 452 000 jüdische Einwanderer waren allein in der Zeit von 1919—1948 in das Land gekommen. Die Jahre nach der Machtergreifung Hitlers in Deutschland weisen eine besonders hohe jährliche Einwanderungszahl auf (zwischen 37 000 und 66 000). Als nach der Staatsgründung Israel durch Gesetz das Rückwanderungsrecht für die Juden in der ganzen Welt anerkannte, schnellten die Einwanderungsziffern gewaltig in die Höhe. Von 1952 an waren sie dann rückläufig, aber immer noch beträchtlich:

1948 rd. 119 000	1952 rd. 24 000	1956 rd. 56 000
1949 rd. 240 000	1953 rd. 11 000	1957 rd. 71 000
1950 rd. 170 000	1954 rd. 18 000	1958 rd. 27 000
1951 rd. 175 000	1955 rd. 37 000	1959 rd. 24 000

1960 rd. 25 000	1964 rd. 55 000
1961 rd. 48 000	1965 rd. 31 000
1962 rd. 61 000	1966 rd. 16 000
1963 rd. 64 000	1967 rd. 14 000

In den 20 Jahren von 1948–1968 hat das Land $1^1/_4$ Millionen Juden aufgenommen. Die jüdische Bevölkerung betrug 1968 (Anfang) 2 383 600 Einwohner. Der Unabhängigkeitskrieg 1948 veranlaßte eine so große Zahl Araber (rd. 750 000[1]), das jüdische Staatsgebiet zu verlassen, daß nach unterschiedlichen Schätzungen nur 120 000 bis 150 000 Nichtjuden in Israel zurückblieben. Unter den sich konsolidierenden Verhältnissen im Staate Israel mit seiner wirtschaftlichen Entwicklung, von der auch die arabische Bevölkerung Gewinn hatte, nahm auch diese bis Anfang 1968 auf 390 000 arabische Einwohner zu. Die Gesamtbevölkerung betrug demnach Anfang 1968 2 773 900 Einwohner. Entsprechend der Bevölkerungszunahme hat sich auch die Bevölkerungsdichte erheblich erhöht. 1948 betrug die Bevölkerungsdichte 43,1 E/km², 1962 115,1 E/km² und 1968 136,5 E/km².

Der mittlere Küstenabschnitt mit 250—500 E/km² ist am dichtesten besiedelt. Die Dichte des Haifa-Distriktes rd. 1000 E/km² und dem Tel Aviv-Distrikt mit 4832 E/km² läßt die Großstädte erkennen. Demgegenüber hat das Gebiet des Negevs, der Süddistrikt (Beersheba und Ashqelon), der 1948 nur 1,5 E/km² aufwies, 1969 21,7 E/km².

1900 lebte die jüdische Bevölkerung fast ausschließlich in Dörfern. Anfang 1968 waren 82,2% der Bevölkerung Städter oder lebten in städtischen Gemeinden. Zur Landbevölkerung gehörten 17,8%, darunter 1,2% Beduinen.

Interessant ist das Herkunftsland/Geburtsland der Einwanderer, da die Mehrzahl der derzeitigen Einwohner Israels Einwanderer oder Nachkommen der Einwanderer in der ersten Generation sind; denn unterschiedliches Herkunftsland bedeutet unterschiedliche Sprache, Lebensgewohnheit, oft unterschiedliches Bildungsniveau und daher unterschiedlichen Wert für den Aufbau von Wirtschaft und Kultur. Die jüdische Einwanderung nach Geburtskontinenten zeigt folgendes Bild:

---

[1] nach israelischen Angaben; nach arabischen Angaben ist die Zahl der Palästina-Flüchtlinge erheblich höher. Die Zahl der von der UNRWA betreuten Palästinaflüchtlinge, einschließlich sogenannter Wirtschaftsflüchtlinge (durch Grenzziehung wirtschaftlich Geschädigte) und angeheirateter Ehefrauen, betrug vor dem Junikrieg 1,3 Millionen (mögliche Fehleinschätzung — 12%) nach W. D. Bopst Geogr. Rundschau 4/68 S. 125/126.

	Amerika, Europa, Ozeanien		Asien, Afrika	
1919—14. 5. 1948	385 006	89,6%	44 804	10,4%
15. 5. 1948—1951	334 971	50,3%	330 456	49,7%
1952—1954	11 187	21,9%	39 978	78,1%
1955—1957	49 630	30,9%	110 714	69,1%
1958—1960	46 460	64,2%	25 926	35,8%
1961—1964	86 748	39,4%	133 567	60,6%
1965—1966	22 562	53,8%	19 390	46,2%
1948—1966	551 558	45,5%	660 031	54,5%

Wenn also vor der Staatsgründung der Einwanderungsstrom zum allergrößten Teil aus Europa und Amerika kam, so nahm der prozentuale Anteil der asiatischen und afrikanischen Einwanderer nach der Staatsgründung in den Jahren 1952—1954 bis auf 78,1% zu. Insgesamt gesehen sind seit der Staatsgründung mehr Menschen aus arabischen oder islamischen Ländern (Irak, Türkei, Yemen, Ägypten, Libyen, Marokko u. a.) eingewandert als aus europäischen und amerikanischen Ländern.

4. Die Notwendigkeit der Ausschöpfung aller Möglichkeiten für die Erschließung des Landes, einschließlich des Negevs

Der ungeheure Zustrom von Einwanderern und die natürliche Geburtenzuwachsrate machten es notwendig, daß der junge Staat und die Einwohner des Landes alle Kräfte mobilisierten, um eine Existenzgrundlage für die so zahlreich gewordenen Einwohner des Landes zu schaffen. Ein Teil von ihnen konnte in den von den Arabern verlassenen Siedlungen und anderen aufgegebenen Erwerbsmöglichkeiten untergebracht werden. Diese Möglichkeiten reichten aber bei weitem nicht aus, da der Einwanderungsstrom der Juden viel größer als der Flüchtlingsstrom der Araber war. Hinzu kam, daß die Lebensansprüche zumindest von über der Hälfte der Einwanderer größer waren als der der arabischen Flüchtlinge. Da das für eine landwirtschaftliche Nutzung geeignete Land vor der Staatsgründung zum größten Teil genutzt wurde und die jüdischen Einwanderer früherer Zeiten durch Kultivierung z. T. ungeeignet scheinende Bodenflächen, die von der arabischen Bevölkerung noch nicht in die Nutzung einbezogen waren, in starkem Maße einer Nutzung zugeführt hatten, mußten Wege gefunden werden, Grundlagen der Existenz für einen großen Bevölkerungsteil zu schaffen. Folgende Möglichkeiten wurden genutzt:

1. Intensivierung der Landwirtschaft
2. Ausdehnung der landwirtschaftlichen Nutzfläche
3. Schaffung neuer landwirtschaftlicher Nutzflächen durch künstliche Bewässerung
4. Nutzung der Bodenschätze durch Ausbau des Bergbaus
5. Aufbau einer Industrie.
6. Förderung der Infrastruktur
7. Hebung des Handels, bes. des Außenhandels
8. Förderung des Fremdenverkehrs

Von all diesen Möglichkeiten hat der Staat Israel Gebrauch gemacht. Der Staat hat geplant, gefördert, und die Einwohner haben gearbeitet, zum Teil unter wirtschaftlich schwierigen Verhältnissen und Bedingungen. Die Generation des Aufbaus hat unter großen persönlichen Opfern die Grundlagen der wirtschaftlichen Existenz für sich selbst, für kommende Generationen und den Staat geschaffen.

Die landwirtschaftliche Nutzfläche wurde von 1948/49 von 165 400 ha (davon 30 000 ha bewässert) auf 1968/69 422 000 ha (davon 170 000 ha bewässert) erweitert. Die landwirtschaftliche Produktion stieg durch Erweiterung der Nutzflächen und Intensivierung von 1948/49 bis 1966/67:

	1948/49	1966/67		1948/49	1966/67
Citrusfrüchte	272 700 t	1 082 000 t	Tabak	600 t	2 100 t
Weintrauben	17 800 t	81 250 t	Zuckerrüben	—	289 300 t
Oliven	10 700 t	24 500 t	Gemüse u.		
Bananen	3 500 t	50 000 t	Kartoffeln	106 000 t	442 500 t
Anderes Obst	7 200 t	149 600 t	Geflügel	5 040 t	88 500 t
Weizen	21 200 t	220 800 t	Vieh	2 010 t	30 500 t
Hafer u. Gerste	20 900 t	56 000 t	Fische	3 500 t	20 300 t
Sorghum	3 000 t	26 800 t	Milch		
Grünfutter	372 000 t	1 257 900 t	(Millionen Liter)	86	429
Erdnüsse	300 t	12 800 t	Eier		
Baumwolle	—	29 500 t	(Stück/Millionen)	242	1 397
Baumwollsaat	—	50 000 t			

Die Übersicht zeigt ganz deutlich die Ausweitung und Leistungssteigerung der israelischen Landwirtschaft. Die Produktion von landwirtschaftlichen Gütern für den Export hat die auffälligste Steigerung erfahren. Außerdem bedeutet die landwirtschaftliche Produktion auf vielen Sektoren der Lebensmittelerzeugung einen sehr hohen Grad der Selbstversorgung 1967/68: Eier 100%, Gemüse 100%, Milchprodukte 97,2%, Obst 96,8%, Fleisch 94,4%, Kartoffeln u. ä. 92,8%, Fisch 90%. Nur bei Ölen und Fetten 23,2% sowie in der Getreideversorgung war Israel damals noch von Importen abhängig.

Bergbau und Industrie haben einen raschen Aufschwung genommen. Allerdings ist festzustellen, daß die Bergbaugrundlagen einer Industrieentwicklung auf Grund der geringen Mineralvorkommen sehr eingeengt sind.

Von 1950—1966 stieg die Industrieproduktion 4,8fach oder um mehr als 10% im Jahr. Die Industrieexporte stiegen 21fach von 18 Millionen Dollar auf 375 Millionen Dollar. Auch die Zahl der in der Industrie Beschäftigten stieg, von 89 000 auf 220 000. Diese Entwicklung der Industrie war möglich trotz zahlreicher Wachstumshemmnisse durch Mangel an Rohstoffen und Energiequellen und trotz der Entfernung Israels von seinen Rohstoffquellen und Exportmärkten. Wenn die Industrieexporte auch nur 15% der Produktion ausmachen, so nahmen sie doch 80% der Warenexporte und 46% aller Exporte ein. Am Nettodeviseneinkommen (Mehrwert), der von 5 Millionen Dollar 1950 auf 170 Millionen Dollar 1966 anstieg, ist die Bedeutung der Industrie für die Gesamtwirtschaft Israels zu erkennen.

Der Fremdenverkehr wurde so gefördert, daß 1968 400 000 Touristen Israel besuchten und 90 Millionen Dollar in Israel ausgaben. Diese Deviseneinnahmen spielen eine wesentliche Rolle in der Außenhandelsbilanz Israels.

Die Energie des jüdischen Volkes, eingesetzt für eine solche Entwicklung des Landes, mußte sich auf alle Regionen des Landes richten. Deshalb mußte auch der Negev, das große Wüstengebiet im Süden des Landes, das 60% des Israel-Territoriums einnimmt, nach der Eroberung im Unabhängigkeitskrieg 1948 und dem Vorstoß Israels bis an das Rote Meer, in die Entwicklungsbestrebungen des Landes einbezogen werden. Dieser Raum stellte die größte Herausforderung an den Staat Israel und seine Bürger für seine Entwicklungsanstrengungen im Lande dar. Hier mußten ganz neue Wege unter dem Druck der bitteren Notwendigkeiten aber auch unter dem Mangel an anderen Möglichkeiten gefunden werden, um auch den Negev-Raum in die Wirtschaftsanstrengungen des Landes einzubeziehen und auch hier Grundlagen für die Existenz zahlreicher Einwohner des Landes zu schaffen. Der „Angriff" auf den Negev wurde geplant und in die Tat umgesetzt und gilt heute als ein Beispiel dafür, wie ein derartig arider Raum in die Wirtschaftsanstrengungen eines Landes einbezogen werden kann.

II. Der Negev

1. Der Raum

Unter dem Negev versteht man das große Dreieck des israelischen Staatsgebietes im Süden des Landes — rd. 12 500 km² groß und rd. 60% des gesamten Landes einnehmend —, dessen Spitze bei Eilat am Roten Meer gelegen ist, dessen Westgrenze zur Halbinsel Sinai entlang einer „Wasserscheide" und dessen Ostgrenze durch das Arava-Tal verläuft (Diercke-Atlas S. 94). Die Nordgrenze des Negevs ist nicht durch morphologische Erscheinungen festzulegen. Der den Negev kennzeichnende geographische Faktor ist das Klima mit seinen geringen Niederschlägen und hohen Temperaturen (Diercke-Atlas S. 74/75). Die 350-mm-Niederschlagslinie, die als ungefähre Grenze des Feldbaus auf Regen angenommen werden kann, bestimmt die geographische Nordgrenze des Negevs. Ungefähr deckt sich mit dieser geographischen Grenze die Verwaltungsgrenze des Süddistriktes mit den zugehörigen Unterdistrikten Beersheba und Ashqelon. Der größte Teil der Negev-Küstenebene, am Mittelmeer gelegen, gehört nicht zum Hoheitsgebiet Israels, sondern zu Ägypten (Gaza-Streifen).

In der Oberflächengestalt zeigt der Negev große Unterschiede. Die Eilatberge nordwestlich von Eilat, die nahezu 1000 m aufragen, weisen tiefe, enge Schluchten auf. Die nackten Felsberge, farbig entsprechend ihrer unterschiedlichen Entstehung (kristalline und metamorphe Gesteine sowie Sandsteine), ragen aus dem Verwitterungsschutt der jüngsten geologischen Vergangenheit auf. Besonders grober Verwitterungsschutt füllt die tiefen Talschluchten aus. Das Paran-Plateau, nördlich und südlich vom Wadi des Paran, ist eine flache bis leicht gewellte Plateaulandschaft, die sich von der Sinaigrenze in einer Höhe von 600 m bis zu einer Höhe von 90 m in der Nähe des Arava-Tales absenkt. Einige „Nebenflüsse" des Paran gliedern das Plateau und haben teilweise weite Talungen durch ihre Erosion in den aus der Kreide stammenden Kalksteinen und Mergeln geschaffen. Das Plateau ist eine geröllbedeckte Wüstentafel. Mehr als die Hälfte des Negevs wird von den Negev-Bergen eingenommen, die durch das Wadi des Nahal Zin in eine südlich gelegene höhere Berglandschaft (Har Ramon 1035 m) und eine nördlich gelegenere Berglandschaft gegliedert wird. Auffällige, morphologische Erscheinungen in dieser Berglandschaft sind die sogenannten „Krater" — nicht vulkanischen Ursprungs, sondern Wirkung exogener Kräfte in aridem Klima bei einer bestimmten tektonischen Struktur: Makhtesh Ramon, Makhtesh Gadol und Makhtesh Haqatan. Die steilen „Krater"-böschungen weisen teilweise Höhenunterschiede von mehreren 100

9

Metern auf. Die Krater sind „geologische Fenster", die alte Ablagerungen aufschließen. Die Negev-Berge reichen im Norden bis zu den Ausläufern der Judäischen Berge. Die nordwestlich anschließende Beersheba-Region ist eine Landschaft
mit einer Höhenlage von 45—100 m im Westen, 150 m bei Beersheba und nahe
500 m im äußersten Osten. Die Beersheba-Region weist eine mächtige Lößdecke
äolischen und fluviatilen Ursprungs auf (bis zu 30 m mächtig), die allerdings in dem
ariden Klima (Halbwüste) alle Erscheinungen der Bodenerosion erkennen läßt. In
weiten Gebieten ist die Beersheba-Region zerfurcht von Erosionsrinnen, die die
Oberfläche zergliedern. Über 500 km², das sind ¹/₃ der Beersheba-Region, sind
Dünenwüste. Das Arava-Tal gehört zu dem großen Grabenbruchsystem, das sich
durch Vorderasien und Ostafrika zieht. Vom Toten Meer bis zum Golf von Eilat hat
die Arava eine Länge von 169 km. Der Grabenbruch wird im Osten und Westen
von steilen Felswänden eingeschlossen und ist ausgefüllt mit alluvialen Sanden und
Schottern.

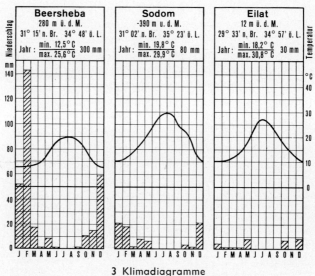

3 Klimadiagramme

Das Klima des Negevs ist im Norden, in der Hälfte der Beersheba-Region semiarid
mit Trocken- oder Wüstensteppen. Alle andern Gebiete des Negevs haben extrem-
arides Klima, sind daher Wüstengebiete. Die Temperaturen im Negev sind hoch und
nehmen von der mediterranen Küstenregion zum Innern hin zu, im August in Beersheba bis zu 33,7° C, in Oron 35,1° C und in Eilat bis zu 40° C und mehr. Kontinen-
taler Einfluß bewirkt im Innern des Negevs eine Tagesamplitude im Mai und Juni
von 15—16°. Die relative Luftfeuchtigkeit nimmt im Negev-Gebiet von der mediterranen Zone zum Inland hin ab. In der Beersheba-Region beträgt die mittlere jährliche relative Luftfeuchtigkeit 58%, südöstlich von Beersheba in Oron nur 48%. Die
höheren Teile der Negev-Berge haben eine höhere Luftfeuchtigkeit. Die niedrigsten
Luftfeuchtigkeitswerte kommen im Arava-Tal vor. In En Yahav beträgt die mittlere
Luftfeuchtigkeit nur 40% im Jahr. Die Niederschläge nehmen von 300 mm/Jahr
in der nördlichen Beersheba-Region nach Süden und Osten hin ab. In Nitsana an
der Sinaigrenze fallen jährlich unter 100 mm. In den Negev-Bergen variiert der
Niederschlag je nach der örtlichen Topographie zwischen 100 und 200 mm. Der

geringste Niederschlag wird in der Arava mit 50 mm und in Eilat mit nur 30 mm und weniger im Jahr gemessen. Die Zahl der Regentage nimmt gegen Osten und Süden im Negev gleichfalls ab. Beersheba hat 33 Regentage, die Negev-Berge 15—20 und die Arava 8 oder weniger. Das bedeutet, daß die an sich geringe jährliche Regenmenge in nur wenigen starken Schauern, die für die Negev-Wüste charakteristisch sind, fällt. So hat einmal ein Regensturm in Beersheba 64 mm Niederschlag in 24 Stunden erbracht. Die Verteilung der Niederschläge auf eine kurze Regenzeit im Winter bewirken, daß die Flüsse im Negev nur zeitweilig Wasser führen. Die trockenen Wadis führen nur einige Male im Jahr und dann oft nur für wenige Stunden Wasser. Allerdings fließt dann das Wasser stürmisch und brausend ab, da die felsigen Gebirgshänge oder die durch die Aridität für Wasseraufnahme ungeeigneten Böden die Wassermassen in den Wadis zusammenströmen lassen. Tau fällt sogar in den trockenen Sommermonaten auch in den Trockengebieten des Negevs und hat gelegentlich Bedeutung für die Wirtschaft. Den klimatischen Verhältnissen entspricht die Vegetation des Negevs mit seinen Wüstensteppen im Norden und seinen reinen Wüsten in den übrigen Gebieten des Negevs mit Ausnahme solcher Gebiete, die durch besondere Grundwasserverhältnisse kleinste Oasen aufweisen. Der Negev unterscheidet sich, was Klima und Vegetation anbelangt, in nichts von den Grenzregionen seiner Nachbargebiete. Die Wüste des Negevs finden ihre Fortsetzung auf der Sinaihalbinsel, in Jordanien und Arabien.

2. Der Mensch im Negev bis zur Erschließung durch Israel

Der Mensch ist seit vorgeschichtlicher Zeit im Negev nachweisbar. Die Berichte des Alten Testamentes sagen, daß dieses Land fruchtbar gewesen sei; fruchtbar sicher nicht in dem Sinne, daß dort auf reichen Wasservorkommen ein besonders erfolgreicher Anbau betrieben werden konnte. Sicher haben die klimatischen Verhältnisse seit jener Zeit keine wesentliche Veränderung in Richtung auf eine größere Aridität erfahren. Fruchtbar vielleicht nur in dem Sinne, als das Land damals neben der nomadisierenden Viehzucht auch eine landwirtschaftliche Nutzung durch Anbaumethoden kannte, die im weiteren Verlauf der Geschichte wieder in Vergessenheit gerieten. Beersheba war eine Oase, in der Abraham lebte. Im Negev siedelte der Stamm Simeon und unter König David erfolgte im Negev eine Volkszählung. Zur Zeit des Königs Salomons wird im Süd-Negev in Timna Kupfererz geschmolzen und im Hafen von Elot (Eilat) werden Güter auf dem Wege nach und von dem Reich der Königin von Saba (Südarabien) verschifft und ausgeladen. Die Berichte in der Bibel über das Land und die Lebensgewohnheiten seiner Bewohner als nomadisierende Hirten lassen erkennen, daß die klimatischen Verhältnisse kaum andere waren als heute. Auch als in einer späteren Zeit, in den letzten Jahrhunderten v. Chr., die Nabatäer, ein aus der arabischen Wüste stammender Volksstamm, deren Hauptstadt Petra in den Bergen jenseits der Arava gelegen war, im Negev Städte gründeten, die unter Rom und Byzanz weiterbestanden, wurden Methoden der Wasserspeicherung und künstlichen Bewässerung angewandt, die gleichfalls erkennen lassen, daß das Land aride war wie heute. Die von den Nabatäern gegründeten Städte verfielen nach der Eroberung des Landes durch die Araber. Das Negev-Gebiet ist trotz seines wüstenhaften Charakters bis in die römische und byzantinische Zeit ein Verkehrsraum zwischen dem Mittelmeer und Ägypten einerseits und Arabien, Indien und sogar auch China andererseits gewesen. Auf dem Rücken der Kamele transportierten Karawanen die Güter (Weihrauch, Myrrhe, Farben, Essenzen, Teakholz, Seide u. a.) zu den Küsten des Mittelmeeres. Zur Sicherung und Versorgung der Karawanen, vor allem mit Wasser, entstanden in der Tiefland- und Hochlandregion des Negevs sechs Städte, deren Ruinen uns heute ein Beweis dafür sind, daß in früheren Zeiten der Mensch in diesem ariden Raum Methoden gefunden hatte, Grundlagen für seine Existenz zu schaffen: Meister zu sein im Wassersammeln für Mensch, Tier wie auch für den Anbau von Pflanzen. Mit der Veränderung der politischen Verhältnisse im Vorderen Orient durch den Rückgang der byzantinischen Macht, durch das Vordringen der Araber erfolgte auch eine Veränderung in der Verkehrsrichtung. Der Karawanenweg durch den Negev wird unbedeutend. Die Verkehrswege der Araber schneiden nicht mehr den Negev, sie verlaufen parallel zu ihm. Die Städte verfallen, das Land wird nur noch Land der Beduinen, und das auch nur in geringen Teilen, da die meisten Flächen des Negevs selbst für eine Nutzung durch Tierhaltung der Beduinen, (Schaf, Ziege und Kamel) keine ausreichende Grundlage bieten. Erst durch die moderne Erschließung des Negevs, die der Staat Israel einleitete, erfährt das Negev-Gebiet eine Entwicklung, die beispielhaft ist.

III. Die Entwicklung des Negevs durch Israel
1. Die Entwicklung der Infrastruktur

a) Die Lösung des Wasserproblems als Voraussetzung für alle Entwicklungen

Der Negev ist das „Entwicklungsgebiet" Israels. Der Negev, der 1932 keinerlei jüdische Siedlungen aufwies, der nur am Südufer des Toten Meeres ein Werk zur Gewinnung von Nitraten und Kali besaß, der Negev, der fast ausschließlich Fels-, Schotter- oder Sandwüste ist, wird schon vor der Gründung des Staates Israel in Besiedlungspläne der Juden einbegriffen. Während der Mandatszeit legten die Juden vier Versuchsstationen im nordwestlichen Löß-Negev an — mit Drahtverhauen und spanischen Reitern gegen Angriffe der Araber gesichert —, um Erfahrungen über Anbaumöglichkeiten zu gewinnen. Bis 1946 kamen 13 weitere Siedlungen an solchen Orten hinzu, die auf Grund geringer Wasservorkommen eine Ansiedlung ermöglichten.

Die natürlichen geographischen Voraussetzungen im Negev lassen erkennen, daß die Lösung des Wasserproblems von entscheidender Bedeutung für die Entwicklung jeglicher Art sein mußte. Die Entwicklung der Infrastruktur des Negevs mußte sich neben der Schaffung von Verkehrswegen daher vorwiegend auf die Erschließung von Wasservorräten oder auf die Heranführung von Wasser aus niederschlagsgünstigeren Gebieten Israels erstrecken.

Zunächst einmal mußte Israel sein Augenmerk auf das örtlich vorhandene Wasser richten: Grundwasser und die Niederschläge der kurzen winterlichen Regenzeit. Schon vor der Staatsgründung 1948 wurden die vorgeschobenen Siedlungen im Nordnegev durch eine aus dem Grundwasser gespeisten Wasserleitung mit einer Jahreskapazität von 1 Million m³ versorgt. Im Negev sind größere Grundwasservorkommen vorhanden. Das Wasser ist allerdings Brackwasser (Wasser mit sehr hohem Salzgehalt). Die Israelis bemühen sich darum, einerseits wirtschaftliche Verfahren zu entwickeln, durch die der Salzgehalt des Wassers derart reduziert wird, daß es landwirtschaftlich genutzt werden kann, andererseits versuchen sie Kulturen von solchen Pflanzen anzulegen, die unempfindlich gegen Salz sind oder durch Züchtung zu dieser notwendigen Unempfindlichkeit gelangen. Eine Außenstelle des „Negev Research Institute of Beersheba" in Ofakim (Tzeelim) hat Entfaulungs- und Entsalzungsverfahren entwickelt, bei welchen osmotische Vorgänge verwandt werden, und produziert in einer Anlage täglich 500 m³ Süßwasser aus Brackwasser. 1970 wurde in Yotvata (Arava) eine weitere Anlage dieses Verfahrens mit einer Tagesleistung von 200 m³ in Betrieb genommen. Durch sie können die Erträge dort vervielfacht werden. Unermüdlich ist die Forschung tätig, neue Wasservorkommen zu entdecken und einer Nutzung zuzuführen. 1968 wurde im Makhtesh Haqadan eine Quelle mit einer 50 m³ Stundenleistung entdeckt, durch die das neue Chemiewerk in Arad beliefert werden könnte. Neu entdeckte Süßwasserquellen haben die Tote-Meer-Werke unabhängig von der großen Wasserleitung aus dem Norden gemacht. Der in der Winterregenzeit im ariden Negev fallende Niederschlag fließt zum größten Teil ungenutzt in das Grundwasser, in das Meer oder verdunstet bei den hohen Temperaturen. Der Abfluß in den Wadis erfolgt meist sehr stürmisch, gelegentlich in einem 8—10 m tiefen, dahinbrausenden Strom, der aber meist nur für kurze Zeit fließt. Aus dem geschichtlichen Überblick ist bekannt, daß die Nabatäer an den Karawanenwegen durch den Negev, in dieser wasserarmen Landschaft blühende Städte und andere Siedlungen angelegt hatten. Ihre Einwohner waren allerdings Meister in der Sorge um ihren Wasservorrat. Jedes Haus hatte eine gemauerte Zisterne, für das vom Dach aufgefangene Wasser. Die Straßen hatten Kanäle, um den Niederschlag zu öffentlichen Zisternen zu leiten. Das Wasser bedeutete durch den Verkauf an die durchziehenden Karawanen einen wirtschaftlichen Gewinn. Zudem spielte das Wasser eine wesentliche Rolle bei der Versorgung der Städte mit Grundnahrungsmitteln, da die Nabatäer und ihre christlichen Nachfolger es verstanden, die geringe Winterregenmenge für eine landwirtschaftliche Nutzung einzusetzen. Die Nabatäer bauten in die Wadis Dämme ein — einige sind noch heute vorhanden und werden im Zuge der Erschließungsmaßnahmen durch die Israelis restauriert. Sie dienten dem Wasserstau für die Bewässerung landwirtschaftlicher Nutzflächen, sollten aber auch bewirken, daß ein Teil des Wassers dem Grundwasser zufließt, um später durch Brunnen wieder genutzt zu werden. Es setzt in Erstaunen, wenn man südlich Beersheba in der Wüste bei Yeroham einen Stausee größeren Ausmaßes antrifft. Bei der Entdeckung und Rekonstruktion nabatäischer Gehöfte stellte man Felder fest, deren von Steinen gesäuberte Flächen von Steinwällen derart umgeben waren, daß der Niederschlag nur langsam abfließen konnte, dadurch in den Boden sank oder durch Schleusen in den Wällen von einem Feld auf ein nächst tiefer gelegenes Feld geleitet wurde. Zahlreiche Gräben eines größeren Einzugsbereiches lenkten das Wasser zu den so angelegten Feldern. In Wadis leitete ein Netz von Kanälen das Wasser auf die in den Wadibetten terrassenförmig angelegten Felder und Gärten. Die Israelis wenden die gleiche Art der Wasserhaltung und Nutzung heute durch Wiederherstellung der alten Gehöftanlagen an und haben so vereinzelt in der Wüste einsam gelegene landwirtschaftliche Betriebe errichtet. Wenn diese Betriebe mit ihrer Produktion auch keinen wesentlichen Wirtschaftsfaktor darstellen, so bieten, sie doch für eine kleine Siedlungsgemeinschaft die Existenzgrundlage und zeigen auf, wie in der Zukunft in diesem Raum die Entwicklungen vorangetrieben werden könnten.

Bis heute gibt es in der Wüste und ihren Randgebieten mit Wüstensteppencharakter, abseits von ehemaligen Siedlungsorten oder heutigen Siedlungen Zisternen. Diese Zisternen dienen den Beduinen zur Wasserversorgung von Mensch und Tier. Es sind sehr alte Anlagen, die so angelegt sind, daß in ihnen das Wasser einer ausgedehnten Fläche zusammenströmt. Diese Zisternen fassen 30—120 m³ Wasser, sind manchmal aber so groß — mit Stützpfeilern ausgerüstet – daß sie bis zu 2000 m³ fassen. Sie sind Privatbesitz von Stämmen oder Familien, und ihre Öffnung ist oft durch eine mit einem Vorhängeschloß versehenen Eisentür verschlossen.

Dort, wo im nordwestlichen Negev von den Israelis bereits Anbau ohne künstliche Bewässerung betrieben wird, wenden sie die Methode des „Dry-farming" an, die wassersparend, die Niederschläge mehrerer Jahre für eine Wachstumsperiode einsetzt.

Auch die von der Forschung entdeckte Anbaumethode der Nabatäer — den Weinstock, den Granatapfel u. a. in Vertiefungen, weit auseinanderstehend, umgeben von Steinhaufen zu pflanzen — wird von den Israelis angewandt. Die Steine sollen den Tau, der während der Regenmonate, die ja nicht tägliche Niederschläge bringen, zu den Pflanzen leiten und dann eine Verdunstung am Tage verhindern. Ein neues Verfahren der „Tröpfchenbewässerung" ist außerordentlich wassersparend und wird in Yotvata angewandt. Bei diesem Verfahren wird tröpfchenweise den Anbaupflanzen nur soviel Wasser zugeführt, wie nach wissenschaftlichen Untersuchungen unter Berücksichtigung aller Standortfaktoren erforderlich ist.

Die Gebiete des Negevs, die im Nordwesten und in der Beersheba-Region geeignete Böden für den Anbau aufweisen, sind besonders stark von allen Erscheinungen der Bodenerosion betroffen. Alle Maßnahmen gegen die Bodenerosion, die in umfangreichem Maße von den Juden in diesem Gebiet betrieben werden, bedeuten eine Vorsorge für den Wasserhaushalt des Bodens: die Beseitigung von Erosionsrinnen und Schluchten, die Anpflanzung von Bäumen in Dünengebieten zur Festlegung der Dünen und als Windschutz, das Pflügen der landwirtschaftlich erschlossenen Felder entlang der Höhenlinien (Konturpflügen) u. a., alles Maßnahmen, die zu einer besseren Nutzung des vorhandenen Wassers führen.

Alle diese Maßnahmen der Erhaltung und Nutzung des Wassers bieten nur eine beschränkte Möglichkeit, die Wirtschaft im Negev zu entwickeln. Erst der Ausbau einer Wasserversorgung, die aus niederschlagsreicheren Gebieten des Landes Wasser in den ariden Negev schaffte, ermöglichte eine großzügigere Weiterentwicklung des Negev-Gebietes. Bereits sieben Jahre nach der Staatsgründung, 1955, leitete die neugeschaffene, 106 km lange Yarkon-Negev-Leitung mit einem Rohrdurchmesser von 168 cm, die im Raum von Tel Aviv ihren Anfang hatte, 270 Millionen m³ Wasser jährlich in den nördlichen Negev. Diese neugeschaffene Versorgung des ariden Negevs, der einen Regenfeldbau nicht zuließ, ermöglichte die Gründung und den Ausbau von 75 landwirtschaftlichen Siedlungspunkten, unter anderem auch die Erschließung der Lakhish-Region, die später zu behandeln sein wird. Eine zweite, weiter westlich und parallel verlaufende Leitung von 178 cm Durchmesser erhielt schon Wasser aus dem Tiberias See, versorgte zwar vorwiegend das Gebiet um Tel Aviv mit 45 Millionen m³, führte aber auch Wasser weiter in den Süden und vereinigte sich mit der ersten Anlage. Das größte von Israel aufgestellte Wasserversorgungsprojekt ist das Tiberias-Negev-Projekt. Diese 240 km lange Leitung schafft das Jordanwasser aus dem Tiberias-See in den ariden Süden des

Landes. Die geplante Wasserentnahme aus dem See soll nach vorgesehenen Plänen so sein, daß im Endstadium des Ausbaus ihm nicht mehr als 320 Millionen m³ entnommen werden. In die Planung war eine entsprechende Wasserentnahme Jordaniens inbegriffen und zwar so, daß trotz der Entnahme keine Versalzung oder andere Schäden für die bisherige Nutzung des Jordanwassers für Israel und Jordanien auftreten konnten. Der Staat Israel war bereit, einen vorliegenden Vertrag mit Jordanien zu ratifizieren. Aus politischen Gründen lehnte Jordanien eine Unterzeichnung ab, da dadurch eine Quasi-Anerkennung des Staates Israel erfolgte. Die Israelis bauten die Wasserleitung, die Jordanier legten den Ghor-Kanal an, der das Wasser aus dem Yarmuk, einem Nebenfluß des Jordans ableitet. 1964 war die erste Ausbaustufe der israelischen Leitung vollendet: von der Nordwestecke des Tiberias-Sees (212 m unter d. M.) wird das Wasser auf 45 m über d. M. — also 257 m hochgepumpt und läuft dann in offenem Kanal, durchfließt in Tunnels die Berge (Gesamtlänge 7,8 km), wird dann noch einmal 110 m hochgepumpt und der 274-cm-Leitung zugeführt, die das Wasser in eigener Leitung und über die Leitung des Yarkon-Negev-Projektes in den Süden transportiert. Die erste Ausbaustufe leistet 180 Millionen m³ im Jahr. Regionale Versorgungsleitungen verteilen das Wasser im nordwestlichen Negev, versorgen die Bewässerungsfelder, die Dörfer, die Städte (Beersheba, Dimona und Arad) mit ihren Industrien. Der Hafen Eilat wird durch eine 40 km lange Wasserleitung, die von Quellen bei Yotvata im Arava-Tal gespeist wird, versorgt. Ein weiterer Ausbau des Tiberias-Negev-Wasserprojektes sieht planerisch eine Verlängerung der Wasserleitung bis zum Hafen von Eilat vor. Durch diese Verlängerung würde nicht nur der steigende Wasserbedarf des Hafens und Erholungszentrums befriedigt werden können, sondern auch auf der langen Strecke durch den wüsten Negev eine Versorgung mit Wasser an solchen Stellen erfolgen können, die Entwicklungsmöglichkeiten bieten. Der Ausbau dieser Leitung auf eine vorgesehene jährliche Leistung von 320 Millionen m³, die Israel z. Z. auch ohne Verträge mit Jordanien nicht überschreiten will, wird dann Grundlage für weitere Entwicklungen im Negev sein können.

Die Nutzung der vorhandenen Wasservorräte, die auf Grund der klimatischen Verhältnisse in den verschiedenen niederschlagsreicheren Gebieten Israels vorhanden sind, wird immer durch ihre Menge beschränkt sein. Der Staat bemüht sich daher, durch Erziehung seiner Bewohner zum sparsamsten Verbrauch des kostbarsten „Rohstoffes", den das Land besitzt, zu kommen. Durch Besteuerung des Wasserverbrauchs ist der Pro-Kopf-Verbrauch und damit die Vergeudung von Wasser zurückgegangen. Ein sehr sparsamer Verbrauch des Wassers in der Landwirtschaft, die nicht mehr Wasser verbraucht, als unbedingt für das Pflanzenwachstum erforderlich ist, und in der Industrie ist gegenwärtig ein Grundsatz aller wirtschaftlichen Tätigkeit in Israel.

Die Wassersituation hat Israel veranlaßt, sich auch um die Wiederverwendung von Abwässern zu bemühen. Die Nutzung der Abwässer in der Landwirtschaft ist wie überall eine Selbstverständlichkeit. In Beersheba befindet sich eine Anlage, die die Abwässer der Stadt für eine Wiederverwendung in der Landwirtschaft aufbereitet. Alle bisher besprochenen Methoden und Maßnahmen finden ihre Begrenzung in der vorhandenen und zur Verfügung stehenden Wassermenge und begrenzen dadurch auch die Möglichkeiten der Entwicklung des Landes. Wenn auch die große Tiberias-Negev-Leitung nach ihrem Ausbau einen hohen Beitrag zu der von der

Planung benötigten Wassermenge leisten wird, so wird eine weitere Entwicklung des Negevs davon abhängen, ob es gelingt, noch mehr Wasser für die Entwicklungen des Negevs bereitzustellen. Das Hauptaugenmerk der Israelis in der Beschaffung neuer Süßwasservorräte richtet sich daher auf die Meerwasserentsalzung. Zwei Anlagen für die Entsalzung von Meerwasser sind bereits im Negev, in Eilat, in Betrieb. Das eine Werk, eine Doppelzweckanlage zur Krafterzeugung und Entsalzung, benutzt ein Destillationsverfahren und hat eine Tageskapazität von 4000 m³, das andere Werk arbeitet mit einem Gefrierverfahren bei einer Tageskapazität von 1000 m³. Da bei diesen Verfahren die Entsalzung 100%ig bzw. nahezu 100%ig ist, kann die gewonnene Wassermenge durch Mischung mit Brackwasser vergrößert werden. Entscheidend für den Einsatz von Meereswasserentsalzungsanlagen ist die Wirtschaftlichkeit. In Eilat stand die Notwendigkeit, Süßwasser zu erhalten, vor der Wirtschaftlichkeitsüberlegung. Die Wirtschaftlichkeit ist abhängig vom Preis des für die Energieerzeugung notwendigen Kraftstoffes. Noch sind diese Entsalzungsver-

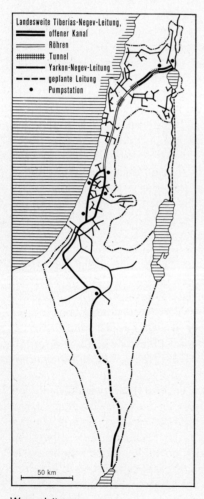

Wasserleitungen

Straßenkarte

fahren sehr kostspielig. Anstrengungen der Forschung richten sich auf die Suche nach neuen Wegen. Das Beersheba-Forschungsinstitut experimentiert mit Anlagen, die eine Nutzbarmachung der Sonnenenergie ermöglichen. Solche Anlagen sollen nicht nur – wenn erfolgreich – die Stadt Beersheba mit elektrischem Strom versorgen, sondern auch ihren Einsatz in Meerwasserentsalzungsanlagen finden. Größte Hoffnung setzen die Israelis in den Gebrauch der Atomkraft für die Entsalzung.

Das Zentrum für Kernforschung in Dimona, mitten im Negev gelegen, hofft die Voraussetzungen zu schaffen, um die Atomkraft dazu einsetzen zu können. In Verbindung mit der amerikanischen Wirtschaft wird diese Entwicklung vorangetrieben. Nach Plan soll eine mit Atomenergie betriebene Meerwasserentsalzungsanlage 1971 in Betrieb genommen werden und dann jährlich 125—150 Millionen m³ Süßwasser liefern. Der Aufbau und die Inbetriebnahme einer solch beispielhaften Anlage würde, wenn auch die Wirtschaftlichkeit der Anlage gewährleistet ist, einen großen Beitrag zu den Voraussetzungen weiterer Entwicklungsmaßnahmen im Negev leisten.

Die Darstellung der Nutzung des vorhandenen Wassers in Israel für den Negev und die Forschungsbemühungen zeigen, mit welcher Energie das jüdische Volk die Voraussetzungen für die Entwicklung des Negevs schafft. Nachdem man erkannt hat, daß im ariden Negev große Entwicklungsmöglichkeiten vorhanden sind, hat der Staat sehr viel Kapital in die Entwicklung des Negevs investiert. Die „Investitionen" des einzelnen Bürgers, der im Negev lebt und meist unter sehr harten Lebensbedingungen an der Wasserversorgung arbeitet und forscht, sind groß, haben aber auch beachtliche Erfolge gebracht.

b) Die Entwicklung des Verkehrs

Neben die Versorgung mit Wasser tritt als nächstwichtige Voraussetzung für jegliche Entwicklungsmaßnahme die Erschließung des Negevs durch Verkehrswege. Erst die Befriedigung des vorhandenen Verkehrsbedürfnisses vollendet neben der Wasser- und Energieversorgung die Infrastruktur des Entwicklungsgebietes Negev. Keine landwirtschaftliche Siedlung, kein Industriegebiet kann gegründet werden, wenn nicht vorher die notwendigen Verkehrswege geschaffen werden. Das trifft im ariden Negev, in dem die Entwicklungen erst in Gang gebracht werden sollen, in besonderem Maße zu.

Vor der Staatsgründung Israels (1948) hatte der Negev mit Ausnahme des Nordwestens, der nur ein örtliches, leistungsschwaches Verkehrsnetz besaß und damals auch keines leistungstärkeren bedurfte, keine Straßen, nur „Pisten". Entwicklung im Negev bedeutete daher zunächst Straßenbau. Danach erst konnten Siedlungen und Betriebe gegründet und ausgebaut werden. Zu Beginn des Verkehrsausbaues im Negev wurde die Straße nach Beersheba gebaut, die den nordwestlichen Negev mit dem übrigen Straßennetz Israels verband. Diese Straße wurde 1952 bis nach Sodom am Südufer des Toten Meeres (127 km) verlängert und erhielt eine Stichstraße nach Oron und nach En Gedi, einer kleinen Oase, dicht an der jordanischen Grenze am Westufer des Toten Meeres gelegen. Dieser Straßenbau nach Sodom durch eine wüstenhafte Landschaft mit einer steilen Trasse zum tiefstgelegenen Ort auf der Erde war notwendig, um die Versorgung und den Abtransport der Produktion der Pottasche- und Bromin-Gewinnungsanlagen in Sodom nach Zerstörung im Unabhängigkeitskrieg und Wiederaufbau zu gewährleisten. Zur Mandatszeit hatte es hier keine Straße gegeben. Die Güter wurden durch jordanisches

Gebiet von und zum Hafen von Akaba am Roten Meer transportiert. Als nach dem 1. Sinai-Feldzug (1956) das Rote Meer für israelische Schiffe an der Straße von Tiran geöffnet und mit dem Ausbau eines Hafens am Roten Meer in Eilat begonnen wurde, war es notwendig geworden, diesen Hafen durch eine 237 km lange Wüstenstraße mit Beersheba zu verbinden (1957/58). Durch diese Straße werden nicht nur eine Reihe von Entwicklungsprojekten im Negev ermöglicht, sie stellt auch eine Fernverkehrsstraße dar, die Eilat mit den Mittelmeerhäfen Israels verbindet. Die Entwicklung der Arad-Region, westlich vom Toten Meer, bewirkte den Bau der Straße Beersheba—Arad und ihre Verlängerung bis nach Sodom. Stichstraßen schließen einzelne Unternehmungen an die Hauptstraßen an. Eine Straße Eilat—Sodom durch die Arava-Senke ist fast vollendet. Die Besor-Region am Unterlauf des Wadi Besor, westlich von Beersheba, ist durch eine Straße als Voraussetzung für ihre Entwicklung mit Beersheba verbunden.

Die Wüstenstraße nach Eilat wird von den Israelis gerne als „Überland-Suez-Kanal" bezeichnet. Die Israelis hoffen durch ihre Verkehrsentwicklung im Negev, der zwischen Mittel- und Rotem Meer gelegen ist, einen Verkehrsersatz für den gesperrten Suezkanal anzubieten. Die parallel zur Wüstenstraße durch den Negev verlaufende Pipeline unterstreicht die verkehrspolitischen Absichten Israels. Als 1956 durch die Sperrung des Suezkanals Westeuropa Schwierigkeiten für seine Ölversorgung sah, erwachte das Interesse für eine Rohölleitung, die Eilat mit der Raffinerie in Haifa verband. In den folgenden Jahren wurde eine Leitung mit einer Jahreskapazität von ca. 5 Millionen t Rohöldurchgang gebaut. 70% dieses Rohöldurchganges war für den Eigenbedarf bestimmt. Nach der Schließung des Suezkanals durch den 2. Sinaifeldzug (1967) entschloß sich Israel, eine 2. Pipeline von Eilat (106 cm Durchmesser) nach dem Mittelmeerhafen Ashqelon zu bauen. Die 1969 im Bau befindliche Leitung soll zu Beginn eine jährliche Pumpleistung von 20 Millionen t Öl haben, die dann später auf eine Jahresleistung von 60 Millionen t gesteigert werden kann. Diese Leitung wird ihren Ausmaßen nach mit den transkontinentalen Leitungen anderer Kontinente vergleichbar sein. Israel hofft, durch diese Leitung Deviseneinnahmen zu erreichen, wenn der Öldurchgang von westeuropäischen Märkten aufgenommen werden sollte. Eine Hochspannungsleitung von Beersheba bis nach Eilat ist 1969 im Bau. Sie wird nicht nur die Kupferwerke von Timna im südlichen Negev und die Hafenstadt Eilat mit Strom versorgen, sondern auch projektierte Negev-Industrien.

Eine Eisenbahnlinie wurde zunächst bis nach Beersheba gebaut, 74 km von der Strecke Tel Aviv-Jerusalem, die heute bereits bis nach Dimona verlängert wurde (Fertigstellung 1965) und bis Oron mit seinen Phosphat-Werken sowie mit einer Abzweigung nach Sodom am Toten Meer verlängert werden soll. Ziel einer weiteren Verkehrsentwicklung im Negev ist die Verlängerung dieser Bahnlinie bis nach Eilat; denn nach Meinung der Verkehrsexperten würde Eilat erst durch diese Bahnverbindung ein wirklich bedeutender Hafen werden können.

Für den innerisraelischen Flugverkehr stehen im Negev Flugplätze in Beersheba, Eilat und Massada zu Verfügung. Der Flugverkehr zwischen diesen Flughäfen und dem übrigen Israel ist für den Tourismus von besonderer Bedeutung.

Der Hafen von Eilat leidet unter dem geringen Küstenanteil, den Israel an der Roten-Meer-Küste hat (10 km) Der Hafen wird aber an Bedeutung gewinnen, wenn der

südliche Negev weiter entwickelt wird und die Handelsbeziehungen Israels mit Ost-
und Südafrika sowie mit Süd- und Ostasien zunehmen.

Die Verkehrserschließung des Negevs, die für einen derart ariden Raum weit
vorangetrieben ist, zeigt auch hier den Willen Israels, dieses Gebiet seines Landes
zu entwickeln und die Voraussetzungen für seine Erschließung zu schaffen. Beim
Ausbau des Verkehrs in Richtung auf die Sinai-Grenze haben nicht nur wirtschaftliche, sondern auch strategische Gesichtspunkte eine Rolle gespielt.

2. Die Entwicklung der Landwirtschaft und ihrer Siedlungen

Die Möglichkeiten landwirtschaftlicher Nutzung eines Gebietes ist abhängig von
geeigneten Böden und ausreichendem Wasservorkommen. Fruchtbare Böden sind in
weiten Teilen des Negevs vorhanden, besonders im nordwestlichen und zentralen
Negev. Die Niederschläge liegen im gesamten Negev unter 350 mm. Deshalb ist
kein Regenfeldbau möglich. Da die Araber über Jahrhunderte eine landwirtschaftliche Nutzung durch Bewässerung vernachlässigt hatten, war der Negev dort,
wo er nicht extreme Wüste ist, Land der nomadisierenden Beduinen geworden,
deren Wirtschaft neben ganz geringem Anbau vorwiegend auf der Kamel-, Schaf-
und Ziegenhaltung beruhte.

Die jüdischen Einwanderer in das Mandatsgebiet Palästina richteten schon vor der
Staatsgründung ihr Augenmerk auf den Negev mit der Absicht, ihn durch eine landwirtschaftliche Nutzung zu erschließen. Die fruchtbaren Böden, teilweise Löß im
nordwestlichen und zentralen Negev, mußten ihrer Meinung nach bei Bereitstellung
von Wasser eine landwirtschaftliche Nutzung ermöglichen.

Bereits 1943 wurden im nordwestlichen Negev drei Beobachtungsstationen eingerichtet,
die durch ihre Erfahrungen den Beweis erbrachten, daß in diesem Gebiet eine landwirtschaftliche Nutzung bei Heranführung von Wasser möglich ist. 1946 wurden in einer
einzigen Nacht (!) 11 weitere Siedlungen errichtet, deren Existenzgrundlage durch landwirtschaftliche Nutzung gesichert wurde. Bis zur Staatsgründung waren insgesamt 27
kleine Dörfer im NW-Negev entstanden, deren Landwirtschaft auf den fruchtbaren
Böden, der Nutzung des Grundwassers sowie einer Wasserzuleitung aus andern, allerdings nicht fern gelegenen Gebieten beruhte. Mit der Konsolidierung des Staates Israel begann die planmäßige Erschließung des Negevs, der „Angriff" auf den Negev.

Bis 1964 waren seit der Staatsgründung bereits 70 weitere landwirtschaftliche
Siedlungen im Negev errichtet worden. — Die Siedlungen der Lakhish-Region
sind in dieser Zahl nicht enthalten. Der Ausbau der Wasserversorgung durch Erschließung des Grundwassers und durch die großzügige Anlage von Wasserver-
sorgungsleitungen aus dem wasserreicheren Norden Israels schufen die Voraussetzungen für eine ständige Erweiterung der landwirtschaftlichen Nutzflächen und
damit auch für die Anlage neuer Siedlungen. Bei der Erweiterung der Nutzflächen nahmen die Bewässerungskulturen einen immer größeren Raum ein. Von
Jahr zu Jahr wurde die Landschaft im nordwestlichen Negev grüner.

Unter den klimatischen Verhältnissen des Negevs lassen sich — abgesehen vom
Trockenfeldbau (Dry-farming, Weizen und Gerste) — unter Bewässerung Feld-
früchte, Citrusfrüchte, Obst sowie Baumwolle, Zuckerrübe, Erdnuß, Sisalagave u. a.
anbauen. Für die Entwicklung der Landwirtschaft in diesen Gebieten war es aus
der Sicht des Staates, der die Entwicklungen stark lenkte, wichtig, im Negev das

anzubauen, was dort besser wächst als anderswo und somit der israelischen Gesamtwirtschaft einen größeren Gewinn bringt.

Sogar im wüstenhaften Arava-Tal wurden landwirtschaftliche Entwicklungen vorangetrieben. Die Bewohner von 6 neugegründeten Siedlungen — 4 weitere sind geplant —, deren Dorf und Anbaufläche vom Flugzeug aus wie ein kleiner, grüner Fleck in der eintönigen Wüstenlandschaft erscheint und eine kleinste Oase darstellt, bauen Dattelpalmen an und bringen gute Erträge mit Gemüse-, Kartoffel-, Erdbeer- und Blumenkulturen ein; denn das Klima des Arava-Tales erlaubt den Anbau des Gemüses, der Früchte und der Blumen unabhängig von der Jahreszeit und ermöglicht im Gartenbau eine viermalige Ernte im Jahr. Die Israelis glauben, Tomaten, Frühkartoffeln, Früchte und Blumen aus diesem Anbaugebiet, mit dem Flugzeug auf die europäischen Märkte gebracht, billiger als die europäischen Gewächshausprodukte anbieten zu können.

Neben diesen bereits durchgeführten landwirtschaftlichen Erschließungsmaßnahmen, die die Wüste Negev an vielen Stellen in ein fruchtbares Land mit einer dauerhaften Besiedlung verwandelt haben, experimentieren die Israelis in den weiten, wüstenhaften, teilweise lößbedeckten Gebieten, um die längst vergessenen landwirtschaftlichen Anbaumethoden der Nabatäer, die die gelegentlichen Sturzfluten in den Wadis für einen Anbau und die Versorgung von Mensch und Tier nutzten, kennenzulernen und wieder anzuwenden. Die sogenannte „Sturzwasserlandwirtschaft" in rekonstruierten, ehemaligen Farmen der Nabatäer, die vor 13 Jahrhunderten der Wüste überlassen waren, hat bereits den Erweis erbracht, daß mit den verschiedenen Bewässerungsmethoden der Nabatäer auch heute in diesen ariden Gebieten mit weniger als 100 mm Niederschlag im Jahr, also sehr geringen Niederschlägen eine landwirtschaftliche Nutzung an vielen Stellen im Negev ohne Wasserzuleitung von außerhalb möglich ist. Die Methoden der Nabatäer zeigten terrassierte Wadis, Ablenkungskanäle für die Sturzfluten in den Wadis und Farmen, die die Sturzfluten ihres eigenen Einzugsbereichs durch die Anlage von Dämmen nutzten. Eine Weiterentwicklung der nabatäischen Methoden, Kleinstparzellen mit eigenem Wassereinzugsbereich anzulegen, scheint die Sturzwasserlandwirtschaft noch erfolgreicher zu machen.

Der Nachweis von über 300 aufgegebenen Siedlungen der Nabatäer und die Erfolge der jetzigen Versuchsfarmen lassen erwarten, daß diese Art der Erschließung des Negevs dann eine größere Rolle spielen wird, wenn eine weitere Zunahme der Wasserversorgung aus dem Norden nicht mehr möglich sein wird und nicht billigere Methoden der Wasserbeschaffung einen günstigeren Anbau im ariden Negev ermöglichen. Mit wissenschaftlichen Methoden werden im „Negev Institute for arid Zone Research" in Beersheba und seinen zahlreichen Außenstellen durch Wissenschaftler Grundlagenforschung für die Erschließungsziele betrieben und in zahlreichen auf die Praxis ausgerichteten Versuchsanlagen experimentiert.

Diese Versuche richten sich sowohl auf den Anbau von Feldfrüchten, Obst und Nutzpflanzen als auch auf die Erprobung und Einführung von Weidepflanzen. Letzteres ist besonders deshalb für weite Gebiete des semiariden Negevs wichtig, da der Negev über Jahrhunderte hin von den Beduinen überweidet wurde und dadurch eine Zerstörung der einst vorhandenen Weideflächen mit allen Erscheinungen der Bodenerosion auftrat. Die Wiederherstellung ausgedehnter Weideflächen würde in den Halbwüsten des Negevs nicht nur die Landschaft verwandeln, sondern auch eine Erweiterung der landwirtschaftlichen Nutzung bedeuten und den Negev wirtschaftlich wertvoller machen.

Da die Israelis in ihren Erschließungsbestrebungen alle vorhandenen Möglichkeiten erproben, ist es nicht zu verwundern, daß auch die Hydroponik — die Ernährung von Pflanzen auf sterilen Böden durch reine Nährlösungen — in diesem Raum von ihnen erprobt und angewandt wird. Tomaten und andere Gemüse werden mittels dieses Verfahrens im Negev gezogen. In Eilat hydroponisch gezogene Melonen werden nach Europa exportiert.

Versuche auch im Negev wie in andern Gebieten Israels trocken-resistente Bäume anzupflanzen, um durch ihren Anbau den Erscheinungen der Bodenerosion zu begegnen, den Wasserhaushalt im Boden zu verbessern und Windschutz den Anbauflächen zu geben, stehen gleichfalls im Forschungsprogramm der Versuchsstationen und werden in der Zukunft das Ihre dazu beitragen, die Landschaft des Negevs in weiten Gebieten zu verändern und ihren Wert für die Wirtschaft zu wandeln.

Eine Darstellung der landwirtschaftlichen Entwicklungen im Negev darf die Behandlung der Situation der noch vorhandenen, arabischen Beduinen dieses Gebietes nicht außer acht lassen. Im Negev leben heute noch 4000–5000 Beduinenfamilien, die in 22 Stämmen organisiert rd. 23 000 Menschen erfassen. Diese „Söhne der Wüste" sind der Rest von 80 Stämmen, die während der Mandatszeit den Negev bevölkerten und mit der Staatsgründung Israels größtenteils das Land verließen. Die Beduinen, die ursprünglich – und auch teilweise heute noch – Nomaden bzw. Halbnomaden sind, leben schon längere Zeit nicht mehr in den Lebensumständen ihrer ursprünglichen Kultur. Jede ihrer Gruppen hat ein festes „Wohngebiet", und nur ihre Viehhirten ziehen mit den Herden in entfernt gelegene Weidegründe. Ihre dunkelfarbigen Zelte sind noch eine Erinnerung an die früheren Lebensumstände eines Nomadendaseins und werden vielfach schon von festen Hütten verdrängt. Die Wohnplätze der Beduinen liegen nördlich, östlich und südlich von Beersheba. Die Beduinen betreiben neben ihrer Viehhaltung eine primitive Landwirtschaft (40 000 ha), bei der sie fast $^1/_3$ des „Kulturlandes" jährlich als Brache liegen lassen und dann als Weideland nutzen. Diese Wirtschafts- und Lebensumstände lassen erkennen, daß die Negev-Beduinen — wie die andern Beduinen des Orients und Nordafrikas – einen Wandel in ihren Kultur- und Lebensumständen durchmachen. Dieser Entwicklungsprozeß wird, wie in den Staaten des arabischen Raumes, die Beduinen aufweisen, auch von der israelischen Regierung gefördert. Die primitive Landwirtschaft der Beduinen mit ihren geringen Erträgen – ohne künstliche Bewässerung – brachte in den häufig auftretenden Dürrejahren große Not für sie. Die Errichtung jüdischer Siedlungen im Negev bedeutete eine Einschränkung der vorhandenen Weideflächen für die Beduinen. Beide Tatsachen waren die Ursache dafür, daß die Beduinen im letzten Jahrzehnt Beschäftigung in der jüdischen Landwirtschaft, oft auch außerhalb des Negevs, und in anderen Erwerbszweigen, die durch die Erschließung des Negevs angeboten wurden (Straßenbau, Hausbau u. a.), fanden. Das bedeutete für die Beduinen Einnahmen und damit eine Erhöhung des Lebensstandards. Zum Teil konnten die Einnahmen für eine Verbesserung der Landwirtschaft verwandt werden. Durch die israelische Regierung erhalten die Beduinen Förderung durch landwirtschaftliche Beratung, Schulen, Gesundheitsdienst und vieles mehr. In jüngster Zeit plante die Regierung drei Beduinendörfer. 1968 wurde mit dem Bau der ersten Wohneinheiten begonnen. Die ersten Beduinen haben ihr Zelt mit einer festen Wohnung im neuen Beduinendorf eingetauscht.

Dieser Wandel in den Lebensverhältnissen einzelner Beduinenfamilien und die damit verbundenen Vorteile werden den Wandlungsprozeß, den das Nomadentum der Beduinen insgesamt durchmacht, im Negev beschleunigen und dadurch eine stärkere Integration der Beduinen im israelischen Staat bewirken.

Die dargestellten Entwicklungen im Negev in der Zeit von 1948 bis zur Gegenwart, der gegenwärtige Stand dieser Entwicklung sowie die Planung für die Zukunft zeigen, welche Entwicklungsmöglichkeiten von den Israelis in der kurzen Zeitspanne in Angriff genommen wurden. Es ist zu erwarten, daß diese Entwicklung ihren Fortgang nimmt und den ariden Negev weiterhin landwirtschaftlich erschließen wird. Diese landwirtschaftliche Erschließung des Negevs war in der durchgeführten Form nur möglich durch eine staatlich gelenkte Planung, durch die Hilfsquellen großer jüdischer Organisationen in der ganzen Welt und den Einsatz von sehr viel Intelligenz, aufopferungsvoller Bereitschaft der jüdischen Bürger des jungen Staates und einen Kapitaleinsatz der israelischen Volkswirtschaft. Alles geschah unter dem bitteren Druck der Notwendigkeit.

Die Planung für die landwirtschaftliche Erschließung des Negevs hat eine besondere Form moderner Entwicklung erfahren: „Die regionale Entwicklung auf dem Lande". Unter den in Israel bereits verwirklichten Regionalsiedlungen ist als Musterbeispiel einer regionalen Entwicklung auf dem Lande die Entwicklung der Lakhish-Region herauszustellen.

Die Lakhish-Region gehört verwaltungsmäßig zum Süddistrikt Israels, liegt im Unterdistrikt Ashkelon und am Nordrand des Negevs. Die landschaftliche Verwandtschaft mit dem nördlichen Negev ist gekennzeichnet durch die geringen Niederschläge. Nur in den günstigsten Gebieten der Region betragen die Niederschläge bis zu 400 mm/Jahr. Der größte Teil der Region erhält nur bis zu 300 mm/Jahr. Die Planung für die regionale Entwicklung auf dem Lande sah im Schema drei Ebenen mit je einem Mittelpunkt vor: das Dorf mit seinem Mittelpunkt, das ländliche Zentrum, das für die Dienstleistungen von 5—6 Dorfgemeinschaften zuständig sein sollte, und die Regionalstadt. Jedes Dorf sollte seinen 80—90 Familien die elementarsten Dienstleistungen bieten: Lebensmittelladen, Synagoge, Kindergarten und ärztlichen Konsultationsraum. Das ländliche Zentrum sollte Dienstleistungen für die Erzeugung und den Verbrauch von 400—500 Bauernfamilien bieten durch landwirtschaftliche Versorgungsläden, Traktorstation, Sortier- und Packraum für die landwirtschaftliche Produktion der Dörfer, genossenschaftliche Konsumläden, Elementarschule, Poliklinik und Volksbildungszentrum. Die ländlichen Zentren sollten auch die in den umliegenden Dörfern beschäftigten Facharbeiter (z. B. Berater usw.) aufnehmen. Ländliche Zentren und Dörfer sollten in Gehentfernung voneinander liegen. Die regionale Stadt sollte weitergehende Aufgaben erfüllen. Dort sollte die Grundverarbeitung der landwirtschaftlichen Produkte der Region (z. B. der Baumwolle, der Zuckerrüben, der Erdnuß) in Industriebetrieben erfolgen. Die Stadt sollte Wirtschafts-, Verwaltungs- und Kulturzentrum werden.

Diese Regionalplanung hatte aber neben ihren wirtschaftlichen Zielsetzungen, neben dem Ziel, viele Neubürger des jungen Staates anzusiedeln, auch gesellschaftliche Aspekte. In dieser neuen Siedlungsregion Israels wurden alle Formen jüdischer Siedlungen, wie sie sich im vergangenen halben Jahrhundert im jüdischen Siedlungsraum herausgebildet hatten, angewandt. Die Siedlungen wurden errichtet als „Kibbuz" und als „Moshav". Ein Kibbuz ist eine ländliche Siedlung mit kollektiven Lebensformen, in der es keinen Privatbesitz gibt und alle Mitglieder sich in die Eigentumsrechte teilen. Die Mitglieder des Kibbuz stellen ihre Arbeitskraft dem Kollektiv zur Verfügung, dafür erhalten sie vom Kibbuz Wohnung, Nahrung,

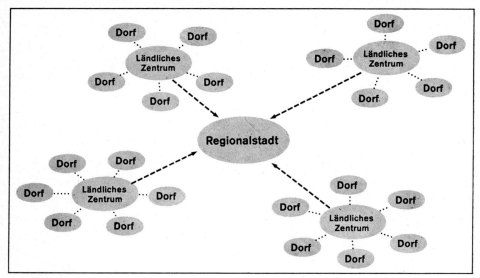

Regionale Entwicklung auf dem Lande (Schema)

Kleidung und alle anderen notwendigen Dienstleistungen. Der Moshav ist eine Siedlung von Kleinbauern, in der nur der Verkauf der Erzeugnisse und der Einkauf von landwirtschaftlichen Geräten, Saatgut usw. genossenschaftlich erfolgt. Die Form des Kibbuz wurde von in Palästina geborenen Neusiedlern angewandt. Die Neueinwanderer gründeten ihre Siedlungen vor allem in der Form des Moshav. Ein weiterer gesellschaftlicher Aspekt der Planung war, in einem Dorf nur Siedler aus demselben Herkunftsland anzusiedeln. Die Neueinwanderer kamen ja aus den verschiedensten Ländern des Orients, Nordafrikas und andern Kontinenten mit unterschiedlicher Sprache, Kultur und Lebensgewohnheiten. Durch die Schaffung einer homogenen Zusammensetzung der Dorfbewohner sollten Schwierigkeiten bei der Einbürgerung vermieden und durch die Begegnung in den ländlichen Zentren sollte die Integration der Neubürger unterschiedlicher Herkunft gefördert werden.

1954 wurde mit der Planung der Lakhish-Region begonnen. Mitte 1955 wurde begonnen, die Planung der regionalen Entwicklung in die Tat umzusetzen. Innerhalb eines Jahres wurden 26 neue Siedlungen auf der Ebene des Dorfes, der ländlichen Zentren und der Stadt Kiryat Gat gegründet. Zehn Jahre später betrug die Einwohnerzahl in den Dörfern 7000 und in Kiryat Gat mehr als 16 000. Dazu kamen die Einwohner in den ländlichen Zentren.

Als Beispiel sei das ländliche Zentrum Nehora erläutert. Nehora betreut 6 Satellitendörfer mit seinen Dienstleistungen durch eine Elementarschule für Jungen und Mädchen, durch eine Poliklinik, Bibliothek, Kulturzentrum, durch genossenschaftlichen Konsumladen, Zentrale für Traktoren und landwirtschaftliche Ausrüstung, Sortierschuppen für landwirtschaftliche Produkte, Lagerräume und Schmiede. Jedes Satellitendorf hat entsprechend der Planung eine homogene Bevölkerung. Die Einwohner der Dörfer stammen entweder aus Kurdistan, aus den marokkanischen Atlasbergen, aus Tunesien, aus Israel, aus Tunis und Tanger oder aus Casablanca in Marokko. Die Regionalstadt Kiryat Gat war ursprünglich für 7000 Einwohner geplant. Zehn Jahre nach der Gründung betrug die Einwohnerzahl bereits mehr als 16 000 und 1968 17 000. Die unerwartet starke Entwicklung

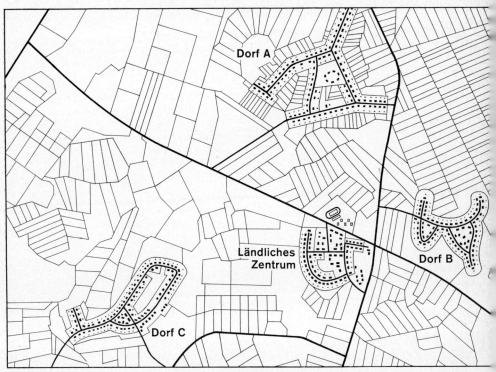

Dorfgruppe mit ländlichem Zentrum in der Lakhish-Region

der Stadt machte es notwendig, die Planung für die Stadt auf eine Einwohnerzahl von 80 000 umzustellen. In der Planung war zunächst nur eine Fabrik mit Baumwollgreniermaschinen, eine Zuckerraffinerie und ein Erdnußsortierwerk vorgesehen. Sehr bald siedelten sich aber von der Landwirtschaft unabhängige Betriebe in Kiryat Gat an: eine Baumwollspinnerei, drei Baumwollwebereien, ein Wollverarbeitungsunternehmen, drei Strickwarenfabriken, eine Fabrik für Konfektionsartikel, eine Diamantschleiferei, ein Betrieb für elektronische Ausrüstung und andere mehr, die insgesamt 1964 bereits 2000 Arbeitnehmer aufwiesen. Die Stadt erhielt ein Geschäftszentrum mit zahlreichen Läden, einem Hotel, zwei Lichtspieltheatern, Verwaltungsgebäude verschiedener Behörden, Filialen von Banken und zahlreiche Bildungsinstitute (7 Elementarschulen, 2 Mittelschulen, Erwachsenenbildungswerk, 2 Gymnasien waren 1964 in der Planung).

Die Entwicklung der Lakhish-Region mit ihren früher teilweise menschenleeren Gebieten war nur durch die Wasserheranführung mittels der großen Wasserleitung aus dem Norden möglich. Die Planung sieht einen weiteren Ausbau vor. Die Methode der regionalen Entwicklung auf dem Lande, die auch in andern Gebieten Israels Anwendung gefunden hat, war in der Lakhish-Region besonders erfolgreich und wird in der Zukunft weiterhin in Israel und auch im Negev angewandt werden. Im NW-Negev ist für das Besor-Becken ein Projekt aufgestellt, das 70 000 ha Neuland unter Kultur nehmen wird, von denen über die Hälfte mit Gemüse- und Citruspflanzungen besetzt werden sollen. Auch im nordöstlichen Negev, in der Arad-Region soll eine regionale Entwicklung durchgeführt werden, in der allerdings der landwirtschaftliche Sektor der Entwicklung hinter dem industriellen zurücktreten wird.

24

3. Die Entwicklung von Bergbau und Industrie und ihrer Siedlungen

Noch während der Auseinandersetzungen um den Negev im Jahre 1948 begann die Suche nach Bodenschätzen in diesem weiten, menschenleeren Raum, der nach Abschluß der Kämpfe in das Hoheitsgebiet des Staates Israel eingefügt wurde. Vor der Staatsgründung wurden nur die Salzvorkommen des Toten Meeres durch ein britisches Unternehmen genutzt. Andere entdeckte Lagerstätten wurden von der Mandatsverwaltung nicht bekanntgegeben, da man den Negev in der Öffentlichkeit nicht wertvoller erscheinen und nicht politische Interessen besonders herausfordern wollte. Die Liste der vorkommenden Mineralien wurde recht umfangreich: neben den aus dem Toten Meer zu gewinnenden chemischen Substanzen (Kali, Brom u. a.) Phosphate, Kupfer, Mangan, Feldspat, Glimmer, Glassand, Fluor, Chrom, Schwefel, Kaolin, Ton, bituminöse Gesteine, Erdöl, Erdgas, Gips, Bruchsteine usw. Außerdem ist anzunehmen, daß die geologische Forschung noch weitere Vorkommen entdecken wird.

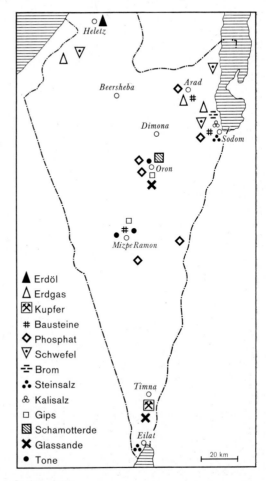

Bodenschätze

Die Erschließung des Negevs durch Bergbau und Industrie konnte erst nach dem Ausbau der Infrastruktur erfolgen, die in diesem ariden Raum fast gänzlich fehlte und daher besonders wichtig war. Neben der Abbauwürdigkeit eines Vorkommens sind die Kostenprobleme, entstehend aus An- und Abtransport der Menschen, Geräte und der Produktion entscheidend. Die langen Wege vom Ort des Vorkommens zu den besiedelten Räumen Israels und den Verschiffungshäfen spielten bei der Wirtschaftlichkeitsüberlegung eine entscheidende Rolle. Zunächst wandte man sich der Wiederinbetriebnahme der Pottasche-Werke am Südufer des Toten Meeres zu. Die Anlagen der britischen Gesellschaft waren zwar unbeschädigt in den Besitz der Israelis gelangt, mußten aber mehrere Jahre ungenutzt liegen, da erst eine Straße von Beersheba nach Sodom gebaut werden mußte. Als die Straße 1952 vollendet war, mußten die infolge von Korrosion unbrauchbar gewordenen Anlagen durch neue ersetzt werden. Seit 1954 arbeitet das Pottasche-Werk wieder und in einer zweiten Werksanlage werden Brom und Bromverbin-

25

dungen gewonnen. Als Nebenprodukte fallen Tafelsalz und Magnesium-Oxyde an. Das Salzvorkommen des Toten Meeres ist unbegrenzt. Die Produktion ist abhängig von der Größe der Werksanlagen und vor allem von der Größe der vorhandenen Verdunstungsbecken, die z. Z. 50 km² bedecken (Endausbau mehr als 100 km²). Die Tote-Meer-Werke produzieren jährlich 600 000 t Pottasche und 10 000 t Brom. Die Investitionen für diese Anlagen waren sehr hoch (mehr als 70 Millionen Dollar). Eine Erweiterung der Werksanlagen soll die Pottasche-Erzeugung auf 1,2 Millionen t im Jahr steigern. Eine Abfüllfabrik für flüssige Bromprodukte in Beersheba füllt einen Teil der Produktion für den Export in Flaschen ab.

Phosphat-Vorkommen sind an verschiedenen Stellen des Negevs nachgewiesen worden. In Oron begann man bereits 1952 mit dem Abbau der Phosphate. Die Anlage wurde so erweitert, daß 1964/65 bereits 450 000 t Phosphate anfielen. Bei Abschluß des geplanten Ausbaus der vorhandenen Anlagen sollen jährlich 600 000 t gewonnen werden. 1964 wurde in der Arad-Region gleichfalls mit dem Abbau von Phosphaten begonnen. Diese Anlagen erhöhten die israelische Phosphatproduktion, die den wertvollen Vorkommen in Nordafrika ähnlich sind, 1966/67 auf 830 000 t. Die Phosphate gingen zum größten Teil gleichfalls in den Export. Weitere Vorkommen im Arava-Tal werden in der Zukunft, wenn man Abnehmer für die Produktion findet, erschlossen werden können.

Von den Erzvorkommen ist vorläufig nur das Kupfer-Vorkommen von Timna, 24 km nördlich von Eilat, das schon von König Salomon genutzt wurde, abbauwürdig. Der Kupfergehalt ist zwar nicht sehr hoch (1—2,8%), die Reserven werden aber auf 29 Millionen Tonnen geschätzt. Das Erz, das bis jetzt noch im Tagebau gewonnen wird – 1970 wurden durch deutsche Firmen Anlagen für einen Untertagebau installiert – wird in den Timna-Werken zu Kupferzement mit einem Kupfergehalt von 80% angereichert. 1968/69 wurden um 18 000 t Kupferzement gewonnen. Bei den hohen Weltmarktpreisen — die Exporte gehen ganz nach Japan — brachte dieser Zweig der Negev-Industrie dem israelischen Staat einen hohen Devisengewinn ein. Dieses Werk gehört daher zu den erfolgreichsten Unternehmungen Israels, die auf dem Abbau von Bodenschätzen basieren. Noch ist Israel nicht in der Lage, reines Kupfer zu erzeugen. Versuche dafür sind aber eingeleitet. Die im Kupfererz gefundenen höheren Konzentrate, die blaugrünen Malachite (Halbedelsteine) werden in Eilat in einem Betrieb zu Schmuck verarbeitet. Im Bereich der großen „Krater" (durch exogene, nicht durch vulkanische Kräfte geschaffene „Fenster", die ältere Ablagerungen aufschließen), werden von den Israelis abgebaut: Kalk für Zementwerke außerhalb des Negevs, Tone für die Keramikwerke in Beersheba, feuerfeste Tone für ein Schamottewerk in Beersheba und Glassande für die Glasindustrie.

Da Israel keine Kohlenvorkommen besitzt, hat die Regierung die Suche nach Erdöl und Erdgas gefördert. 1952 wurde in Heletz, im nördlichen Negev die erste wirtschaftliche Ölquelle entdeckt. Seitdem wurde das dortige Ölfeld weiter ausgebaut und liefert heute aus 38 Bohrungen 200 000 t im Jahr. Das entspricht 8% des israelischen Bedarfs. Die Reserven werden auf 2 Millionen t geschätzt. 1958 wurde bei Rosh Zohar, westlich vom Toten Meer in der Arad-Region Erdgas (Methangas) entdeckt. Die Förderung des Rosh-Zohar-Feldes entsprach 1968 einer Ölförderung von 127 000 t. Die Gasreserven entsprechen 16 Millionen t Öl. Das Gas wird gegenwärtig hauptsächlich noch als Brennstoff für die Industrie verwandt und in Leitungen nach Sodom am Toten Meer und nach Oron gepumpt, wird aber auch in den im Aufbau befindlichen Chemie-Werken von Arad eine bedeutende Rolle spielen können.

Fast alle genannten Werke liegen in extrem ariden Teilen des Negevs. Diese Gebiete sind, von geringen Ausnahmen abgesehen, landwirtschaftlich noch nicht zu nutzen. So wurde durch die Entwicklung des Bergbaus dieses große Gebiet des Staates Israel einer Nutzung zugeführt. Der Bergbau und die damit in Zusammenhang stehende Errichtung von Industriebetrieben bedeutete für die israelische Wirtschaft einen Zuwachs von Arbeitsstellen, die für viele Neueinwanderer und Bewohner anderer Gebiete des Staates eine Existenz boten. Die Beschäftigten und ihre Angehörigen der in einer extrem ariden, wüstenhaften Landschaft gelegenen Werke mußten in neuzugründenden Siedlungen untergebracht werden. So entstanden an der neugebauten Fernstraße, die den Negev verkehrstechnisch erschloß, kleine Städte. Südöstlich von Beersheba auf halbem Wege nach Sodom wurde 1955 für die in den Tote-Meer-Werken Beschäftigten eine Siedlung gegründet: Dimona. Die extremen klimatischen Verhältnisse in der Nähe des Toten Meeres, in der Senke 400 m unter d. M. ließen die Errichtung einer Siedlung in der Nähe der Werksanlagen nicht zu. Dimona entwickelte sich in 13 Jahren zu einer Stadt mit 23 000 Einwohnern (1968), deren Erwerbstätige nicht nur zu den Werken am Toten Meer und den Phosphat-Werken von Oron fahren, sondern auch in den zahlreichen Unternehmungen in Dimona selbst Beschäftigung gefunden haben. Zwei Textilfabriken beschäftigen in Dimona 2600 Erwerbstätige. In kleinen Betrieben (Metallbearbeitung, Aluminiummöbelfabrikation, Strumpfwirkerei) sind weitere Arbeitsplätze geschaffen worden. Daneben ist Dimona Sitz der israelischen Atomforschung mit ihren verschiedenen Arbeitsgebieten (Experimentalreaktor, Entwicklung von Verfahren zur Gewinnung schweren Wassers, Gewinnung von Uran aus den Phosphaten des Negevs). So hat die Stadt Dimona, deren Einwohner z. T. in mehrstöckigen Häusern wohnen, deren Straßen von Bäumen (!) gesäumt sind, die ein gut ausgebildetes, differenziertes Schulsystem hat, eine Entwicklung erfahren, die die ursprüngliche Planung (20 000) erheblich überholt und ein nächstes Ausbaustadium von 35 000 Einwohnern vorsieht. Der erfolgte Anschluß Dimonas an das israelische Eisenbahnnetz bedeutet weitere Möglichkeiten für die Entwicklung dieser Stadt in der Wüste. In Yeroham wohnen 1965 bereits 4500 Einwohner, die z. T. in den Textilfabriken Dimonas und in den Phosphatwerken von Oron beschäftigt sind.

Die Produktion von Glas, Plastik- und Gummiwaren ist für Yeroham vorgesehen. Mitzpe Ramon, am Rande des Makhtesh-Ramon-Kraters gelegen, ist mit seinen 1450 Einwohnern der Mittelpunkt einer Bergbauregion, in der Sande für die Glaserzeugung, Tone für Keramikwerke und Gips abgebaut werden. Die jüngste Stadt des Negevs ist Arad, deren Aufbau erst 1962 begann. Noch ist ein Teil ihrer Einwohner vorwiegend in den Tote-Meer-Werken, im Aufbau der Stadt und den entstehenden Industrieanlagen sowie im Abbau der nahegelegenen Bodenschätze beschäftigt. Die Stadt soll eine Industriestadt werden, deren Werke pharmazeutische und andere chemische Produkte erzeugen sollen. 1970 soll die Produktion von Phosphorsäure für den Export aufgenommen werden.

Nirgendwo in der Welt werden die notwendigen Grundstoffe für Kunstdünger: Kali und Phosphat so dicht beieinander gefunden wie in der Arad-Region und bieten dadurch die besten Voraussetzungen für die Mineraldüngerproduktion. Die nahe gelegenen Gasquellen liefern Energie und sind gleichzeitig Grundlage für die modernen Chemiewerke in Arad.

Die Stadt liegt 570 m über dem Meeresspiegel und 960 m über dem Wasserspiegel des Toten Meeres. Der für die Stadt ausgesuchte Platz liegt so hoch und dazu noch auf einer Höhe, daß die kühlende Wirkung der vom Mittelmeer kommenden Westwinde sich voll für die Bewohner der Stadt auswirken kann. Die für 50 000 Einwohner geplante Stadt wird nur ein begrenztes Areal einnehmen, um die Entfernungen in der Stadt zu verringern und den Einwohnern das Gefühl der Einsamkeit in der umliegenden Wüste zu nehmen. Die Balkone der mehrstöckigen Häuser sind von den Architekten so angelegt, daß die Bürgersteige der Straßen während aller Stunden des Tages im Schatten liegen. Die Gebäude haben umschlossene Gärten. Überall werden Bäume gepflanzt, um die Einwohner die die Stadt umgebende Einöde vergessen zu lassen. Die Stadt Arad soll außerdem als Erholungszentrum für Touristen ausgebaut werden. Die geplanten Luxushotels mit einem weiten Blick über die Wüste und das tief unten liegende blaue Tote Meer werden Besuchern der zahlreichen nahe gelegenen historischen Stätten und den in der warmen Quelle von Ein Bokek am Toten Meer Heilung Suchenden Erholung bieten.

Die Gründung und Entwicklung der bisher genannten Städte des Negevs zeigt, wie eng ihre Entwicklung zunächst mit dem Bergbau und den ihm zugehörigen Industrien verbunden war. Der Ausbau weiterer Industrien förderte dann die Entwicklung der Städte.

4. Die Entwicklung der Hafenstadt Eilat und der zentralen Stadt Beersheba

Neben den bereits behandelten Negev-Städten sind drei weitere Städte des Negevs besonders herauszustellen, da sie in ihren Entstehungs- und Entwicklungsursachen Unterschiede zu den behandelten aufweisen. A s h d o t mit seinen (1968) 31 900 Einwohnern liegt nicht unmittelbar im Negev. Und doch ist diese 1956 neugegründete Hafenstadt am Mittelmeer mit seinem Tiefwasserbecken (Ausbaubeginn 1960) ein wichtiger Faktor für die Entwicklungen im Negev geworden. Die Entfernung von Beersheba zum neuen Mittelmeerhafen Ashdot ist weniger als ¹/₃ der Entfernung bis zum früher einzigen israelischen Mittelmeerhafen Haifa. Das bedeutet für die gesamte Produktion des Negevs, sei sie landwirtschaftlicher oder industrieller Art, eine Verminderung der Transportkosten. Somit steht die Entwicklung des Hafens von Ashdot, dessen zugehörige moderne Stadt eine wichtige Industriestadt geworden ist, in enger Beziehung zu den Entwicklungen im Negev. E i l a t , die südlichste Stadt Israels, im extrem ariden Klima am Roten Meer gelegen, wurde 1950 als Hafenstadt an einem menschenleeren Strand mit unbesiedeltem Hinterland in der Wüste gegründet. Eilat ist das „Fenster" Israels nach Ostafrika, Süd- und Ostasien. Der nur 10 km lange israelische Küstenstreifen reichte aus, Stadt und Hafen zu gründen und auszubauen. Er bot Platz für die notwendigen Hafenanlagen und hat noch ausreichende Strandflächen für einen Badebetrieb der Erholungsstadt, zu der Eilat in den letzten Jahren geworden ist, zur Verfügung. Fast 250 km Wüste liegen zwischen Beersheba und Eilat. Für die Bewohner von Eilat war die Gründung und auch der weitere Ausbau der Stadt eine wirkliche Pionieraufgabe, die durch die hohen Sommertemperaturen nicht gerade erleichtert wurde. 1968/69 wurden über Eilat 366 000 t Güter gelenkt. Der Ausbau des Hafens soll auf eine jährliche Kapazität von 600 000 t Güter gebracht werden. Der Anschluß Eilats an das Fernstraßen- und Flugnetz war die erste Voraussetzung für die Entwicklung des Hafens und der Stadt Eilat wurde

Wohnstadt für die in den nördlich von Eilat gelegenen Timna-Werken Beschäftigten. Die von Eilat ausgehenden Ölleitungen nach Haifa und Ashkelon machen den Hafen zum Ölhafen Israels. Der Öldurchgang durch Eilat kann auch für die europäische Ölwirtschaft bedeutend werden, wenn die politischen Verhältnisse im Vorderen Orient eine Beruhigung erfahren haben. Ein geplanter späterer Bahnanschluß Eilats an das Bahnnetz Israels durch Verlängerung der Strecke Beersheba-Dimona bis nach Eilat, wobei gleichzeitig ein Anschluß an Sodom erfolgen soll, wird die Bedeutung des Hafens weiter vergrößern. In den letzten Jahren hat es Israel verstanden, seinen ausländischen Touristenstrom auch nach Eilat zu lenken. Die fast regenlosen Winter mit Wärme und immerwährendem Sonnenschein bieten am Strand des Roten Meeres in ausgezeichneten Hotels gute Erholung in einer Zeit, in der Europa unter Kälte, Regen oder Schnee zu leiden hat. Durch Anlage einer großen, künstlichen, in das Land hineinragenden Lagune, der weitere Anlagen folgen sollen, ist die israelische Küste verlängert worden. Durch diese Lagune sind weitere am Wasser gelegene Erholungsmöglichkeiten durch Plätze für Hotels, Einkaufs- und Vergnügungszentrum und Sportstätten geschaffen worden. Die Entwicklung der Stadt Eilat erfolgte zunächst ohne Verkehrsverbindungen mit dem besiedelten Norden des Landes, unter schwierigen klimatischen Verhältnissen im Sommer und besonders unter Wassermangel leidend. Diese Stadt, die 1968 11 000 Einwohner zählte, ist nicht nur ein abenteuerliches Unternehmen zur Erschließung des Negevs, sondern stellt auch eine der am höchsten anzuerkennenden Leistungen dar, die von den Pionieren der Entwicklungen im Negev unter großem persönlichen Einsatz mit Hilfe des Staates erbracht worden sind.

Die Stadt B e e r s h e b a , die Hauptstadt des Negevs, war ursprünglich eine kleine Brunnenoase mit nur einigen Tausend arabischen Einwohnern, die im Zusammenhang mit den Kämpfen um den Negev die Stadt verließen.

Beersheba war 1880 von den Türken planmäßig als Markt- und Verwaltungszentrum für die im Negev lebenden Beduinen angelegt worden. 1950 begann Israel mit dem Aufbau der neuen Stadt. Um das alte Zentrum entstand eine moderne Stadt mit mehrstöckigen Wohnblöcken, breiten Straßen und sogar Grünanlagen. Wie überall, wohin in Israel Wasser geleitet wird, wurden viele Bäume gepflanzt, die in der Stadt im Gegensatz zu ihrer Umgebung Steppe und Wüste vergessen lassen. Ein Grüngürtel um die Stadt soll den Sandstürmen Einhalt gebieten, die Bäume in der Stadt Schatten spenden. Bis 1965 wurden 30 000 Bäume und 200 000 Schößlinge für den Grüngürtel gepflanzt. 1968 besaß Beersheba 67 500 Einwohner. Die Stadt, die zunächst als Verwaltungszentrum für den Negev und als Ausgangspunkt aller Entwicklungspläne für den Negev gedacht war, mußte anwachsen, weil ihre Hauptaufgabe auch in der Versorgung des sie umschließenden Negevs mit Dienstleistungen (Banken, Verkehr, Reparaturwerkstätten, Krankenhaus, Schulen usw.) liegen mußte. Ferner werden in Beersheba die Rohstoffe der näheren und weiteren Umgebung industriell verarbeitet in Keramikwerken, Schamottewerken, Getreidemühlen, Baustoff-, Tau-, Zigaretten- und Möbelfabriken, sowie in Erzeugungsstätten für Schädlingsbekämpfungs- und Unkrautvernichtungsmittel und medizinische Instrumente. Eine Abfüllfabrik für flüssige Produkte der Tote-Meer-Werke arbeitet besonders für den Export. Hinzu kommt, daß Beersheba ein Kulturzentrum für den Negev geworden ist mit seinen zahlreichen Schulen, seinen 9 Lichtspieltheatern, mit seinen Theater- und Konzertaufführungen, Sportplätzen und Stadthalle. Das wissenschaftliche Institut für Wüstenforschung (Negev Institute for Arid Zone Research) ist Mittelpunkt wissenschaftlicher Arbeit für den ganzen Negev und hat entscheidenden Anteil an vielen Entwicklungen im Negev, die seit 1948 erfolgreich durchgeführt wurden.

Bei Weiterfortschreiten der gegenwärtigen Entwicklung in Beersheba und im Negev wird die Zeit nicht fern sein, in der Beersheba auf 100 000 Einwohner angewachsen sein wird. Dann wird die Hauptstadt des Negevs eine Großstadt in der Wüste sein.

5. Die Entwicklung des Fremdenverkehrs

Der Tourismus bedeutet heute in der Handelsbilanz vieler Staaten, besonders der Entwicklungsländer, einen wichtigen Aktivposten. Das trifft besonders auch für Israel zu. Wenn Israel 1968 von 400 000 Touristen besucht wurde, die 90 Millionen US-Dollar in Israel ausgaben, so ist die Steigerung auf diese Touristenzahl ein Zeichen dafür, daß der Staat diesem Zweig seiner Wirtschaft besondere Aufmerksamkeit zugewandt hat. Fremdenverkehr ist nur möglich, wenn das Verkehrsnetz gut ist, wenn Hotels, sonstige Unterkünfte und andere Dienstleistungen den Anforderungen eines modernen Tourismus entsprechen. Die Voraussetzungen (Straßen, Flugverkehr, Hotels usw.) sind von Israel geschaffen worden. Der Negev mit seinen charakteristischen Landschaften, der Wüste, dem Toten Meer, sowie dem Ufer des Roten Meeres und vorhandene Altertümer sind anziehend genug, um zahlreiche Touristen in diesen Teil Israels reisen zu lassen. Der für die übrige Wirtschaft erfolgte Ausbau des Verkehrsnetzes kam auch dem Fremdenverkehr zugute. Der Strand und das Wasser des Roten Meeres mit seinen bevorzugten klimatischen Verhältnissen während des europäischen Winters waren Anlaß, Eilat zu einem Erholungs- und Ferienzentrum auszubauen.

Moderne Hotels, Vergnügungsstätten und alle anderen für den Tourismus notwendigen Dienstleistungen erfuhren in Eilat eine besondere Förderung. Die in Eilat vorhandene Bettenzahl wurde in den letzten Jahren sehr erhöht. Israel hat es verstanden — selbst in diesem abgelegenen Teil seines Landes — Hotels und andere für den Tourismus notwendige Dinge dem internationalen Niveau entsprechend auszubauen.

Die zahlreichen im Negev vorhandenen Altertümer (Feste Massada, Nabatäer-Städte u. a.) sind interessante Reiseziele und daher vom Staat für den Tourismus erschlossen worden. Die vorhandenen Hotels in Beersheba und die Hotelplanungen für Arad sowie nördlich Sodom in der Nähe des Toten Meeres sind und können Ausgangspunkt für zahlreiche touristische Unternehmungen im Nord-Negev und Orte der Erholung sein. Die Israelis versuchen den Fremdenstrom nicht nur für die Landschaft des Negevs, für seine Altertümer und das Erholungszentrum Eilat zu interessieren, sondern möchten den Reisenden auch mit den Entwicklungen im Negev, mit seinen wirtschaftlichen und sozialen Neuerungen bekanntmachen. Wenn auch heute nur ein Teil des Besucherstromes, der aus der ganzen Welt nach Israel kommt, den Negev aufsucht, so sieht das Fremdenverkehrsministerium in der Förderung des Tourismus für diesen Teil des Landes eine besondere Aufgabe für die Zukunft. Dadurch wird ein Zweig der Wirtschaft im Negev gefördert, der dann der Gesamtwirtschaft in diesem Entwicklungsgebiet Israels zugute kommen wird.

IV. Zusammenfassung und Ausblick:
Der Negev, ein Beispiel für die Entwicklung eines ariden Raumes

Die Darstellung der Entwicklungen im Negev seit 1948 zeigt die Vielschichtigkeit der Bemühungen, die der Staat Israel und seine Bewohner auf diesen ariden Raum ihres Staatsgebietes verwandt haben. Die angewandten Wege der Erschließung dieses früher fast wertlos erscheinenden Gebietes lassen erkennen, mit wieviel geistiger Leistung, starkem persönlichen, physischen Einsatz der Bevölkerung, aber auch mit welch großen Investitionsmitteln des Staates und der Wirtschaft des Landes all das Erreichte durchgeführt wurde. Der Zustrom der Einwanderer aus der ganzen Welt mit seinem geistigen Potential und seinen zahlreichen Fachleuten auf allen Gebieten machte überhaupt erst in Zusammenarbeit mit den Altbürgern des Staates die Entwicklungen möglich, die nicht nur im Negev, sondern in ganz Israel einen modernen Staat mit einer modernen Gesellschaft und Wirtschaft auf neuen Wegen entstehen ließ. Die Leistungen, die im ariden Negev wie in Israel erbracht wurden, sind nicht denkbar ohne die Hilfe von außerhalb. Israel ist ein Entwicklungsland, dem materielle und geistige Hilfe von außerhalb zukam. Entwicklungshilfe leisteten die Weltorganisationen (z. B. Weltbank u. a.) sowie einzelne Staaten. Die finanzielle Hilfe des Judentums in der ganzen Welt und auch die Hilfe, die aus politischen Gründen nach Israel gegeben wurde, haben ihr Teil dazu beigetragen, all das zu schaffen, was die zwanzigjährige Entwicklung in Israel und besonders im Negev aufweist. Die im ariden Negev, dem besonderen Entwicklungsgebiet Israels, stattfindenden Entwicklungen sind von einem Pioniergeist ohnegleichen getragen. Gewiß war die bittere Notwendigkeit, handeln zu müssen, um existieren zu können, starker Antrieb, all das zu unternehmen, was noch dazu unter persönlichen Opfern des einzelnen Bürgers unternommen wurde. Es war vor allem die Jugend, die in großer Begeisterung die Pionieraufgabe im Negev auf sich nahm. Die Herausforderung dieser Trockenlandschaft wurde angenommen, und in harter Arbeit wurden Existenzgrundlagen für viele israelische Bürger geschaffen.

Israel hat durch seine Entwicklungen im Negev, in diesem früher ganz unentwickelten Raum seines Landes ein Beispiel gegeben, wie der Mensch durch seine Anstrengungen ein arides Land verwandeln und nutzbar machen kann. Die Probleme, denen Israel in diesem Raum begegnete und die Israel lösen mußte und noch löst, sind die gleichen des ganzen Trockengürtels der Erde. Die an Zahl rasch zunehmende Menschheit, die alle Möglichkeiten des Ausbaus ihrer Lebensgrundlagen nutzen muß, ist gezwungen, in diesem Trockengürtel alle für sie vorhandenen Möglichkeiten auszuschöpfen, so wie es die Israelis im Negev getan haben. Das geschieht zwar schon in den Trockengebieten Afrikas, des Vorderen Orients, Südasiens, Australiens und Nordamerikas. Die Entwicklungen im Negev Israels sind aber in vieler Hinsicht so beispielhaft, daß sie Nachahmung finden sollten. Schon heute kommen Besucher aus dem nicht-arabischen ariden Afrika und andern Trockengebieten der Erde, um die israelischen Methoden kennenzulernen und in ihren Heimatländern anzuwenden; denn das, was die auf die Praxis ausgerichtete Forschung und die Verwirklichung der kühnen Planungen heute bereits im Negev aufzuweisen haben und vor allem auch noch aufweisen werden, kann in allen tropischen Trockengebieten der Erde angewandt werden: die Züchtungsergebnisse der Pflanzenzucht, die Anwendung neuer Anbaumethoden, die Errichtung von Klein- und Großsiedlungen in Trockengebieten, die neuartige Nutzung der geringen Wasservorkommen und die in der Entwicklung stehenden Verfahren der Meerwasserentsalzung. Besonders Letzteres wird — wenn erfolgreich abgeschlossen — für die Trockengebiete von entscheidender Bedeutung werden können; denn Wasser ist nun einmal das Hauptproblem aller Trockengebiete. Mehr noch als für die weiter entfernt liegenden Trockengebiete der Welt könnte die beispielhaften Entwicklungen im Negev Vorbild für die geographisch gleichartig ausgestatteten Räume des benachbarten Orients, des arabischen Raumes sein. Der Unterschied des Entwicklungsstandes zwischen Israel und den benachbarten arabischen Staaten ist in mancher Beziehung augenscheinlich. Eine Befriedung des Raumes, die erst den Einsatz aller vorhandenen Kräfte für die Erschließung und Entwicklung in den einzelnen Staaten ermöglicht, würde die Voraussetzung schaffen, die Entwicklung dieser noch so unentwickelten Gebiete für ihre Bewohner zu fördern. Oberstes Ziel für den gesamten Raum müßte der Friede sein, die Bereitschaft zur Zusammenarbeit der benachbarten Staaten untereinander sowie mit der ganzen Welt. Daraus könnte sich eine Zusammenarbeit ergeben, die die Negev-Erfahrungen nützt und sie allen Bewohnern des größeren Raumes zugute kommen läßt.

Die Entwicklungen im Negev sind nach zwanzig Jahren Entwicklungsarbeit erst ein Anfang. Die Entwicklungen werden weiter gehen. Sie sind die Hoffnung Israels und könnten Hoffnung sein für viele extrem aride Räume unserer Erde, die noch entwickelt oder weiterentwickelt werden müssen.

VI. Themen für Kurzreferate

1. Sprechen Sie über die natürlichen geographischen Grundlagen des Negevs.
2. Interpretieren Sie die Klimadiagramme von Beersheba, Sodom und Eilat.
3. Sprechen Sie über die natürlichen Grundlagen landwirtschaftlicher Tätigkeit im Negev.
4. Worin sehen Sie die Gründe für die von Israel durchgeführten Entwicklungsmaßnahmen im Negev?
5. Sprechen Sie über die Herkunft der Menschen, die die Entwicklungsmaßnahmen im Negev vorantrieben.
6. Sprechen Sie über die von den Israelis genutzten Möglichkeiten, den Negev landwirtschaftlich zu nutzen.
7. Behandeln Sie die Grundlagen von Bergbau und Industrie im Negev.
8. Sprechen Sie über die Grundlagen städtischer Entwicklungen im Negev.
9. Welche Bedeutung hat die Entwicklung der Infrastruktur im Negev?
10. Sprechen Sie über die Wirtschaftszweige des Negevs, die als Devisenbringer die israelische Handelsbilanz günstig beeinflussen.
11. Worin sehen Sie einen Beitrag der Wissenschaft Israels für die Entwicklungen im Negev?
12. Sprechen Sie über gesellschaftspolitische Erscheinungen, die bei der Entwicklung des Negevs zu erkennen sind.
13. In welchen Räumen auf der Erde könnten die von den Israelis gemachten Erfahrungen Anwendung finden?

Weitere Unterlagen: Diercke Weltatlas S. 94, II, III, IV — Unsere Welt (Große Ausgabe), Berlin, Bielefeld, 1970, S. 82 und 86 — Lautensach, Atlas zur Erdkunde (Große Ausgabe) S. 110.